**Wenn die Affen den Zoo regieren**

Stefan Kühl entwickelt Warnsignale für dezentralisierte Unternehmen anhand von mehreren ausführlichen Beispielen wie etwa der Beratungsfirma Metaplan und dem Softwarehaus Ploenzke. Er zeigt, wie die Orientierung auf Wandel, Flexibilität und Innovation Unternehmen an die Grenze ihrer Existenzmöglichkeit treibt. Die rasanten Veränderungen von Markt und Technik verlangen ein Management am Rande des Chaos, unter dessen Ägide sich die Fähigkeiten zur Selbstorganisation voll entwickeln können.

*Stefan Kühl* arbeitet als Trainer und Berater für verschiedene deutsche Unternehmen. Er studierte Soziologie und Geschichte an der Universität Bielefeld, der Johns Hopkins University, der Université Paris-X-Nanterre und der Oxford University. Er ist Mitglied des Graduiertenkollegs des Instituts für Wissenschafts- und Technikforschung Bielefeld. Bei Oxford University Press erschien 1994 sein Buch *The Nazi Connection. Eugenics, American Racism, and German National Socialism*. Seine Anschrift lautet: Amselweg 24, 25451 Quickborn.

Stefan Kühl

# Wenn die Affen den Zoo regieren

## Die Tücken der flachen Hierarchien

Campus Verlag
Frankfurt/New York

Die Deutsche Bibliothek – CIP-Einheitsaufnahme

*Kühl, Stefan:*
Wenn die Affen den Zoo regieren : die Tücken der flachen Hierarchien / Stefan Kühl. – 4. Aufl. – Frankfurt/Main; New York: Campus Verlag, 1996
ISBN 3-593-35159-5

4. Auflage 1995


Umschlaggestaltung: Walter Hagenow, Frankfurt am Main
Satz: Satzstudio Rolfs, Hillesheim
Druck und Bindung: Druckhaus Beltz, Hemsbach
Gedruckt auf säurefreiem und chlorfrei gebleichtem Papier.
Printed in Germany

# Inhalt

**Anhang**

# Vorwort

Alles fing an mit einer Trompete, einer Pyramide und einer Zwiebel. Die Idee für dieses Buch kam mir Anfang der neunziger Jahre bei der Betrachtung einer Skizze, mit der die Beratungsfirma Metaplan die Entwicklung von Wirtschaftsorganisationen seit der Jahrhundertwende illustrierte. Durch die tiefgegliederte, schmale Hierarchie von Unternehmen um 1900 hatte deren Organisationsdiagramm die Form einer Trompete. Die Unternehmen waren gekennzeichnet durch einen klaren Aufbau mit eindeutigen Befehlslinien. Der Unternehmer allein hatte den Überblick und gab die notwendigen Anweisungen. Befehl und Gehorsam waren die Stützen des Unternehmens.

Mit den komplexer werdenden Unternehmungen und der Ausdehnung des mittleren Managements wurde aus der Trompete die Pyramide. Immer mehr Menschen wurden mit Planungs-, Steuerungs- und Kontrollaufgaben betraut. Funktionale Unterteilungen wurden gebildet, Kompetenzen und Verantwortungen der einzelnen Bereiche gegeneinander abgegrenzt. Zwei neue Elemente bereicherten das Organisationsrepertoire: Stäbe zur Unterstützung der Führung und das Matrixmanagement als eine Art querstehende Hierarchie. Die zunehmende Automatisierung und Computerisierung führte zu einer weiteren Ausdehnung des Managements in Relation zur schrumpfenden Basis.

Auf die raschen Veränderungen der Märkte und weitere technische Umwälzungen reagierten die Unternehmen mit Workshops, die Mitarbeiter aus unterschiedlichen Funktionen zusammenführten. Projektgruppen ergänzten die herkömmliche Hierarchie. Die pyramidenähnliche Organisation nahm immer mehr die Form einer Zwiebel an. (nach Leue 1989: 5; Schnelle 1989: 2f)

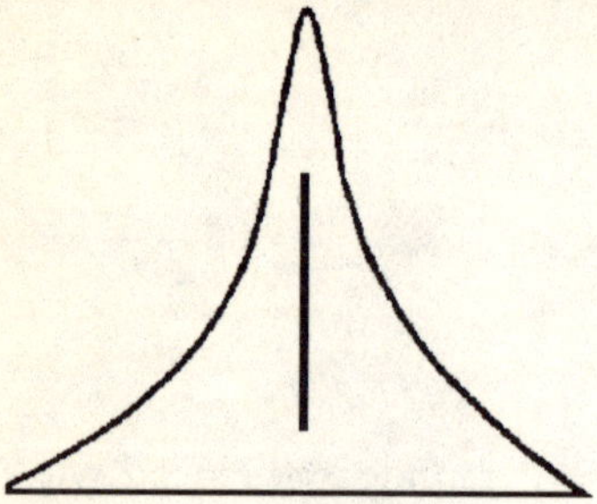

*Trompeten-Struktur*

Mitte des 18. Jahrhunderts setzte in England die Mechanisierung in der Warenproduktion ein (in Deutschland fast 100 Jahre später).
Die »neuen« Maschinen verlangten nach einem Heer von Menschen, die sie bedienten; Fabrikarbeiter mußten sich dem Zeitdiktat der Maschinentakte unterwerfen. Disziplin wurde zur wichtigsten Tugend.

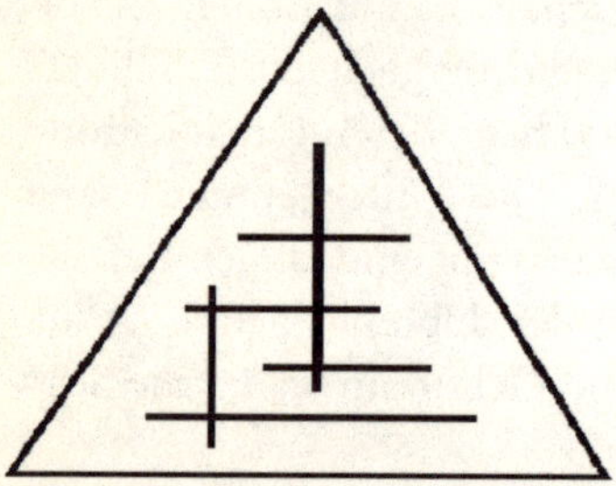

*Pyramiden-Struktur*

Im Lauf der folgenden 100 Jahre rationalisierte man die Arbeitsabläufe mehr und mehr. Die Warenproduktion wurde wissenschaftlich organisiert, die Zeit des »Scientific Management« (Taylor) war angebrochen.

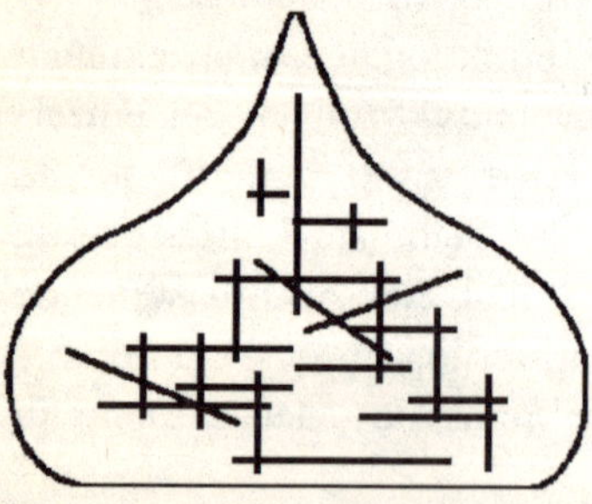

*Zwiebel-Struktur*

Automatisierung, Computerisierung und Telematisierung eröffneten in den letzten Jahren ungeahnte Rationalisierungschancen.
Einer Schrumpfung von Arbeitsplätzen mit determinierten Aufgaben steht eine rasche Zunahme von Arbeitsplätzen höherer Qualifikation gegenüber.

*Abbildung 1:* Von der Trompete zur Zwiebel: Der Wandel von Unternehmen (Leue 1989: 3)

Die Entwicklung von der Trompete über die Pyramide hin zur Zwiebel ist in ihrer Simplizität einleuchtend, legt jedoch eine Frage nahe: Was kommt nach der Zwiebel? Wenn Unternehmen in den letzten hundert Jahren so rasante und grundlegende Wandlungsprozesse durchgemacht haben, können wir mit an Sicherheit grenzender Wahrscheinlichkeit davon ausgehen, daß mit der Zwiebelform nicht das letzte Wort in Sachen Organisierung wirtschaftlichen Handelns gesprochen ist. Ich arbeite in diesem Buch die Unternehmensstruktur »nach der Zwiebel« heraus: die Gründe für ihr Entstehen, ihre Formen, ihre Möglichkeiten, ihre Probleme und ihre Begrenzungen.

Es geht mir dabei nicht darum, die neuen Unternehmensformen als Allheilmittel gegen die momentane Organisationskrise bürokratischer Unternehmen zu verkaufen. Mit Konzepten wie Lean Management, Reengineering oder fraktale Fabrik wird häufig eine Schlüssigkeit und Problemlosigkeit neuer Unternehmensformen vorgespielt, die sich in der alltäglichen Praxis wirtschaftlichen Handelns nicht wiederfinden läßt. Der allgemeinen Euphorie für neue Unternehmenskonzepte widerstehend, will ich in diesem Buch besonders auf die möglichen Probleme, Schwachstellen und Begrenzungen neuer Unternehmensformen eingehen:

- Durch die angestrebte Grenzenlosigkeit nach innen und außen (Kundenorientierung) droht die ganze Organisation »auseinanderzulaufen«, ihren inneren Zusammenhang zu verlieren. Die Mitarbeiter und Mitarbeiterinnen verlieren ein klares Bild von ihrem Unternehmen (Flexibilitätsdilemma).
- Die Selbstverpflichtung von Unternehmen auf Innovation und Wandel schafft organisationsinterne Unsicherheitszonen, es droht eine »Dauerpolitisierung« interner Prozesse und Entscheidungen (Politisierungsdilemma).
- Immer mehr Unternehmen greifen angesichts der zunehmenden Komplexität zu Vereinfachungsstrategien. Aber gerade die Vereinfachung von Abläufen führt zu einer wachsenden Komplexität, die jedoch nicht als solche wahrgenommen wird (Komplexitätsdilemma).

Dieses Buch soll unter anderem eine Art Frühwarnsystem für die Unternehmen sein, die sich auf das Abenteuer einlassen, ihre überkommene hierarchisch-bürokratische Organisationsform gegen eine flexiblere, wandlungsfähigere einzutauschen. Es ist inspiriert worden durch die Kooperation mit vier solcher Unternehmen (siehe den Anhang). Ihre Hoffnungen, Erfahrungen und Enttäuschungen waren die Quellen für viele Ideen, die ich auf den nächsten Seiten entwickle. Den Mitarbeitern und Mitarbeiterinnen von Endenburg Elektrotechniek in Rotterdam, von der Bell Group in New Mexico, von der Ploenzke AG in Kiedrich im Rheingau und von Metaplan in Quickborn bzw. Paris gilt deshalb mein besonderer Dank.

Obwohl der überwiegende Teil dieses Buches während eines einjährigen Studienaufenthaltes in Paris entstand, liegen die intellektuellen Wurzeln woanders. Die spannende Mischung aus Systemtheorie, Technikforschung und Organisationsanalyse an der Universität Bielefeld bot einen idealen Nährboden, um die Beobachtungen aus der unternehmerischen Praxis in einen größeren Rahmen einzuordnen. Für Anregung, Kritik und Aufmunterung in vielen Gespräche danke ich Martin Heidenreich, Albert Heidinger, Joachim Klein, Franz-Xaver Kaufmann, Wolf Krohn, Susanne Mingers und ganz besonders Veronika Tacke.

Paris, im Mai 1994 *Stefan Kühl*

# Teil I

# Affen, Revolutionen und postbürokratische Unternehmen

> Wir wollen der Zukunft nicht ins Fenster gaffen.
> Sie liegt mit der Vergangenheit zu Bett.
> Die ersten Menschen waren nicht die letzten Affen
> und wo ein Kopf ist, ist auch meist ein Brett.
>
> *Erich Kästner*

»Ich lasse die Affen doch nicht den Zoo regieren.« Mit diesen Worten reagierte der ehemalige Vorstandsvorsitzende der amerikanischen Fluggesellschaft Eastern Airlines, Frank Bormann, Mitte der 80er Jahre auf Forderungen nach stärkerer Beteiligung der Arbeiter[1] an der Leitung des Unternehmens (vgl. Peters 1988b: 343). Im gleichen Maße, wie diese Aussage in ihrer Zielrichtung und in ihrer menschenverachtenden Gleichsetzung von Arbeitern und Affen Ausdruck eines traditionellen Denkens in bestimmten Managementkreisen ist, zeugt die heftige Zurückweisung solcher Aussagen durch »neue Managementgurus« (Byrne 1992) von einem neuartigen Denken, wie Organisationen in den 90er Jahren organisiert sein sollten. Der amerikanische Managementberater Tom Peters und seine »In«-Kollegen benutzen solche Zitate, um ihre Organisationskonzepte gegen ein traditionelles Denken in Managementkreisen abzugrenzen. Wenn es nach ihrem Willen ginge, wäre das Unternehmen der 90er Jahre eine hierarchielose, hochinnovative und flexible Wirtschaftsorganisation, in der über dem Wohl(stand) der Arbeiter und Arbeiterinnen lediglich das Wohl der Kunden steht.

Bei den verunsicherten, von Identitätskrisen geschüttelten Managern in Europa und den USA stoßen solche Vorschläge auf offene Ohren. Viele Gewerkschaften, wie die deutsche IG Metall, die französische CGT und die amerikanische UAW, sind sich hingegen nicht sicher, ob sie in dem neuen Managementdenken lediglich ausgefeiltere Kontrollstrategien vermuten sollen oder mit einer reellen Humanisierung des Arbeitslebens rechnen können. Daß Ideen für eine grundlegende Neugestaltung des Organisierens wirtschaftlicher Tätigkeiten nicht nur in Form von Bestsellern Erfolg haben, sondern auch in der Praxis viele Anhänger finden, zeigen Beispiele aus Europa und Amerika: Daimler-Benz sucht mit Dezentralisierung den Ausweg aus der Hierarchie-Falle. Opel erhofft sich durch die konsequente Einführung teilautonomer Fertigungsteams einen Wettbewerbsvorteil gegenüber der japanischen Konkurrenz. Ford und Renault bewegen sich in die gleiche Richtung.

Doch das, was an Umstrukturierungen in Großunternehmen die Managementzeitschriften und Wirtschaftsseiten von Tageszeitungen erreicht, ist lediglich die Spitze eines Eisbergs. Es wird deutlich, daß sich die Art und Weise, wie Unternehmen organisiert werden, grundlegend verändert. Betriebswirte, Organisationssoziologen und Managementberater zögern nicht, von der »Notwendigkeit für eine Revolution« (Peters 1988a; 1988b: 3ff), einer »echten Revolution« (Crozier 1989: 21; Millot/Roulleau 1991: 12) oder gar einer »Kulturrevolution« (vgl. Bleicher 1986; Landier 1991) zu reden und zu schreiben. So unterschiedlich ihre Beobachtungen, Konzeptionen und Zukunftsempfehlungen im einzelnen auch sein mögen, in einem stimmen sie, wie die Wirtschaftsjournalisten Jürgen Sinn und Dieter Weber (1991) hervorheben, alle überein: »Die Zeit der Umbrüche, der sanften Revolution steht bevor.« Der Zoo, der von den Affen regiert wird, erscheint am Horizont.

Dem verbalen Enthusiasmus steht ein überraschender Mangel an überzeugenden Erklärungsmodellen für die zur Zeit zu beobachtenden Entwicklungen gegenüber. Die Managementberater entwickeln zwar atemberaubende Organisationsvorschläge, leiden bei der Analyse der auftretenden Phänomene selbst jedoch unter ausgeprägter Kurzatmigkeit. Sie vertrauen oftmals lieber auf eine gesunde Mischung aus ostasiatischer Religionsmystik (z.B. Managementberater Gerd Gerkens (1992) »Tao-Projekt«), Anlehnungen an pseudorationale Motivationstheorien, psycho-sozial orientierte Esoterik und ihre eigene »Intuition« (Unternehmensberater Jürgen Ferchland).

Aber auch die Betriebswirtschaftslehre sowie die Arbeits- und Industriesoziologie, die sich an tayloristisch organisierten, bürokratischen Unternehmen abarbeiten, greifen bei ihren Analysen von neuartigen Unternehmensformen oft zu kurz. Zwar gelingt es diesen Disziplinen, neue Produktionskonzepte wie Lean Production, Material Requirement Planning, Just-in-time-Produktion und teilautonome Fertigungsgruppen zu beschreiben und ihre neuen Dimensionen aufzuzeigen, sie scheitern jedoch häufig an der Einordnung dieser Phänomene in einen umfassenden Rahmen. Ausdruck dieser theoretischen Sprachlosigkeit ist die inflationäre Zunahme der »Posts« in der Terminologie von Betriebswirtschaftslehre und Arbeitssoziologie: Das »postbürokratische Unternehmen« (Heydebrand 1989) wird als Resultat eines Wandels zum »Postindustrialismus« (Bell 1973; Heydebrand 1989; Heidenreich/Schmidt 1992), zum »Postökonomismus« (Palloix/Zarifian 1989) oder zum »Postkapitalismus« (Zarifian 1990; Drucker 1992) verstanden.

Ich greife – eine gewisse terminologische Sprachlosigkeit bewußt akzeptierend – den Begriff des postbürokratischen Unternehmens auf, um zu untersuchen, inwiefern und wodurch sich die »neuen« Organisationsformen von den »alten« unterscheiden.[2] Gestützt wird meine Argumentation durch die Auswertung neuerer US-amerikanischer, französischer und deutscher Managementliteratur und Fallstudien über vier besonders innovative Unternehmen: ein deutsches Softwarehaus, ein holländisches Elektronikunternehmen, eine US amerikanische Vertriebsgesellschaft für die Juwelierbranche und eine überwiegend in Deutschland und Frankreich tätige Unternehmensberatungsfirma.[3] Die Zusammenfassung dieser vier Unternehmen und verschiedener neuerer Managementstrategien unter dem Code »postbürokratische Organisation« soll Antworten auf die Frage ermöglichen, ob es sich bei der Einführung neuer Unternehmenstypen um eine »echte Revolution« handelt – um einen Prozeß grundlegender und tiefgreifender Änderungen – oder um eine »Revolution von oben«, eine »Pseudo-

Revolution«, in der es um eine organisationelle Angleichung seitens des Managements an neue Anforderungen geht.

Das Wort »Revolution« bezeichnet einen jähen Bruch mit der Vergangenheit, den Durchbruch zu einer neuen Daseinsordnung, und es impliziert die Umwälzung der Machtverhältnisse (vgl. Meyer 1976; Plé 1989). Solche Bedingungen wären sicherlich gegeben, wenn – wie bestimmte Unternehmensvertreter und Managementberater behaupten – die neuen Unternehmen auf vollkommene Flexibilität und absolute Wandlungsfähigkeit ausgerichtet und ihre Mitarbeiter die »neuen Machthaber« wären. Der Wandel zu einer solchen Form von Wirtschaftsorganisation würde in unserer durch Bürokratisierung, Hierarchisierung und Arbeitsteilung geprägten Gesellschaft sicherlich die Bezeichnung organisationelle Revolution verdienen. Dieses Buch hinterfragt, ob eine solche Organisationsform existiert und – weiter gehend – überhaupt existieren kann.

Der Rückgriff auf den in der Managementliteratur so beliebten Begriff der Revolution ermöglicht mir, das benutzte Material zu sortieren, zu problematisieren und zu hinterfragen:[4] Gegen welche Organisationsform grenzen sich postbürokratische Unternehmen ab? Weswegen setzen sich neue Formen der Organisierung wirtschaftlichen Handelns sowohl im Denken des Managements als auch in der Praxis durch? Sind die zugrundeliegenden Annahmen – Wandel als einziges Stabiles und Mitarbeiter als neue Machthaber – überzeugend? Wie können innovations- und flexibilitätsorientierte Unternehmen zusammengehalten werden? Inwiefern ändern sich die Beziehungen zu anderen Organisationen, Kunden und Zulieferern?

Durch das konsequente Weiterdenken des untersuchten Materials zeige ich, daß die aktuelle Managementliteratur ungerechtfertigterweise suggeriert, sie verfüge über überzeugende und konsistente Konzeptionen für postbürokratische Unternehmen. Vielmehr scheinen postbürokratische Organisationen vor drei grundsätzlichen Problemen zu stehen: der Sicherung wandlungsorientierter Unternehmen, der Regulierung unübersichtlicher Machtverhältnisse und dem Umgang mit innerer Komplexität.

Im folgenden zweiten Teil zeige ich, daß Organisationen vor dem Problem stehen, sich zwischen der Etablierung von Routinen und der Öffnung gegenüber Organisationswandel zu entscheiden. Im tayloristisch-bürokratischen Denken strebten die Unternehmen möglichst perfekte Routinen an. Es war der Sieg der Stabilität und der Redundanz in Organisationen. Ausgelöst durch neue technische Möglichkeiten und grundlegende Veränderungen auf den Märkten kommt es jedoch zu neuartigen Flexibilitäts- und Innovationsanforderungen an Unternehmen. Wirtschaftsorganisationen müssen Mittel und Wege finden, diese externen Unsicherheiten organisationell umzusetzen. Innovation, Flexibilität und Wandlungsfähigkeit werden zu Grundbedingungen erfolgreichen unternehmerischen Handelns.

In Teil drei präsentiere ich die Entwicklungen, die in der Managementliteratur für die These herhalten müssen, daß es zu einer »wahrhaften Revolution« in Wirtschaftsorganisationen kommt. Flexibilität und Wandel sind die Maximen, an denen sich die neuen Organisationsformen orientieren. Durch die Ausbildung von Profitcentern und Marktnetzwerken kommt es zu neuartigen, intensiveren Organisations-Umwelt-Beziehungen. Die strikte Trennung zwischen Markt und Hierarchie als entgegengesetzte Prinzipien der Organisation kollektiven wirtschaftlichen Handelns löst sich auf. Die interne Organisation, das »Eingeweide« postbürokratischer Unternehmen, orientiert sich an der Maxime absoluter Wandlungsfähigkeit. Strukturen werden nur noch sehr lose gekoppelt, es wird konsequent enthierarchisiert und dezentralisiert. Die Differenzierung in Abteilungen löst sich auf. Die neuen Organisationsstrukturen, wenn sich diese überhaupt noch problemlos festmachen lassen, verlangen nach einer Intensivierung informeller, nichtformalisierter Kommunikation. Projektgruppen, teilautonome Fertigungsgruppen und deren Vernetzungen sichern sowohl den Produktions- als auch den Innovationsprozeß.

In Teil vier problematisiere ich diese Entwicklungen. Ich zeige, daß eine »wahrhaftige Revolution« langfristig zu einer Auflösung der Organisation führen würde. Unternehmen würden an einem Übermaß interner Unsicherheit zugrundegehen. Sie stehen vor dem grundlegenden Dilemma, Organisationen zu stabilisieren, die auf Flexibilität ausgerichtet sind. Dieses »Flexibilitätsdilemma« stellt sich auf der Ebene der Mitarbeiter als »Politisierungsdilemma«: Die Selbstverpflichtung von Unternehmen zu Innovation und Wandlungsfähigkeit schafft neue Unsicherheitszonen im Unternehmen und eröffnet damit den Mitarbeitern und Mitarbeiterinnen neue Machtressourcen. Hierarchie und Kompetenzaufteilungen in Abteilungen fallen als Regulierungsmechanismen von Machtkämpfen aus. Die nicht mehr in klare Herrschaftsstrukturen gegossenen Machtverhältnisse und der daraus resultierende ständige Aushandlungsprozeß führen zu einer »Dauerpolitisierung« interner Prozesse und Entscheidungen.

Dazu verdammt, immer komplexer zu werden, greifen postbürokratische Unternehmen zu scheinbar komplexitätsreduzierenden Vereinfachungsprozessen. Aber die Simplifizierung führt in der organisationellen Praxis zu einer Steigerung der Komplexität. Das »Komplexitätsdilemma« – der vergebliche Versuch, Komplexität durch Vereinfachungen zu reduzieren – treibt das Unternehmen an die Grenze der Beherrschbarkeit. Die Mitarbeiter sehen sich einer ganz neuen Dimension von Anforderungen ausgesetzt.

In Teil fünf diskutiere ich mögliche Entwicklungslinien postbürokratischer Unternehmen. Es deutet sich an, daß Organisationen eine gleichzeitige Reduktion und Steigerung von Komplexität und Unsicherheit gelingen könnte. Solch ein Prozeß würde die zwei an sich entgegengesetzten Prinzipien Stabilität und Flexibilität auf einem höheren Niveau zusammenführen. Erst bei Unternehmen, die sich jenseits von Stabilität und explosivem Chaos befinden, kann sich die Fähigkeit zur Selbstorganisation entfalten. In solchen komplexen Prozessen der Selbstorganisation fallen konkrete Antworten auf die Sorgen und Nöte postbürokratischer Unternehmen dann aber sicherlich nicht mehr so einfach aus, wie es uns Managementbücher und Unternehmensberater häufig glauben machen wollen.

# Teil II

# Die Grenzen bürokratisch-hierarchischer Unternehmen

> Die Zentrale weiß alles besser. Die Zentrale hat die Übersicht, den Glauben an die Übersicht und eine Kartothek. In der Zentrale sind die Männer mit unendlichem Stunk untereinander beschäftigt, aber sie klopfen dir auf die Schulter und sagen: ›Lieber Freund, Sie können das von Ihrem Einzelposten nicht so beurteilen! Wir in der Zentrale …‹ Die Zentrale hat zunächst eine Hauptsorge: Zentrale zu bleiben. Gnade Gott dem untergeordneten Organ, das wagte, etwas selbständig zu tun! Ob es vernünftig war oder nicht – erst muß die Zentrale gefragt werden. Wofür wäre sie denn sonst Zentrale!
>
> *Kurt Tucholsky*

In einem 1992 erschienenen Buch unter dem programmatischen Titel »Das biokybernetische Modell: Unternehmen als Organismen« zeichnet Jürgen Fuchs (1992c: 5ff), Manager beim deutschen Softwarehaus Ploenzke, das Bild einer gespaltenen Gesellschaft. Während auf gesamtgesellschaftlicher Ebene sich Fragmentierungen aufheben, die Menschen sich von »Untertanen« zu »mündigen Bürgern« entwickelten und die wachsende »Freizügigkeit der Informationen« durch Presse und Fernsehen und die globale Beweglichkeit die Welt »zum Dorf« werden ließen, ständen in Wirtschaftsorganisationen ähnliche Entwicklungen noch aus: Die Mitarbeiter würden nach wie vor als Untergebene bezeichnet und auch als solche behandelt. Verfassungsmäßige Grundrechte wie Meinungsfreiheit, Redefreiheit und freie Wahl des Arbeitsplatzes gälten nicht innerhalb des Unternehmens. Abteilungen befehdeten sich als Konkurrenten. Die heutige Unternehmenswelt ist, so Fuchs, gekennzeichnet durch Fragmentierung, mangelnde Abstimmung und Unfreiheit.

Die Brandmarkung traditioneller Unternehmen als Hort von Unfreiheit, Fragmentierung und Herrschaft aus dem Munde eines

Managers zu hören ist auf den ersten Blick erstaunlich. War man doch solche Äußerungen eher von Gewerkschaften und marxistisch orientierten Industrie- und Arbeitssoziologen gewöhnt. Der Ploenzkemanager Fuchs steht mit seiner Kritik an herkömmlichen Unternehmensformen jedoch unter seinesgleichen nicht allein da. Das »aufgeklärte« Management in Deutschland, den USA, Skandinavien und Frankreich stimmt in die Verdammung der tayloristischen Arbeitszerlegung und der Reduzierung der Mitarbeiter auf Rädchen in einer durchkonstruierten Produktionsmaschine ein. Die Verfechter bürokratisch-hierarchischer und tayloristisch-fordistischer Unternehmensformen mögen vielleicht noch in der unternehmerischen Praxis das Sagen haben, die »Schlacht« in den Managementzeitschriften und in den Seminaren für Unternehmensführung sind sie auf dem besten Wege zu verlieren.

In einer Zeit, in der Hierarchie, Fragmentierung und Arbeitszerlegung unter Managern immer mehr zu Schimpfwörtern werden, muß man sich ins Gedächtnis rufen, daß die bürokratische bzw. tayloristisch-fordistische Unternehmensform einen bedeutenden Entwicklungsschritt gegenüber den herkömmlichen Produktionsformen zu Beginn der Industrialisierung darstellte. Die Routinisierung von Arbeitsprozessen, die Zergliederung von Produktionsvorgängen und die Organisation der Unternehmen nach Kriterien der »wissenschaftlichen Betriebsführung« (Taylor) gewährleisteten eine Stabilität, auf deren Basis die Produktion von Massengütern den Grundbedarf und die Konsumbedürfnisse weiter Teile der Bevölkerung (wenigstens in den westlichen Staaten) befriedigen konnte. In diesem Teil soll gezeigt werden, daß es in Organisationen eine generelle Tendenz gibt, Routinen einzurichten, um auf diese Art einem in Organisationen vorhandenen Bedürfnis nach Sicherheit gerecht zu werden (Kapitel II-1). Im Bürokratismus und Taylorismus wurde die Etablierung von Redundanzen zur allgegenwärtigen Maxime erhoben. Die entstehenden, äußerst stabilen Organisationsformen waren einer sich nur langsam wandelnden Umwelt hervorragend angepaßt (Kapitel II-2). Rapide Marktveränderungen, Globalisierung der Märkte und technische Umwälzungen führen jedoch, wie gezeigt werden soll, zu

Flexibilitäts- und Innovationsanforderungen, denen die herkömmlichen Unternehmensformen nicht mehr gerecht werden können (Kapitel II-3).

## 1. Organisationen und ihre Vorliebe für Sicherheit

Strukturiertheit – das unterscheidet Organisationen von der diffusen, willkürlichen Interaktion in Freundeskreisen, Warteschlangen oder bei Trinkgelagen. Organisationen benötigen die Festlegung von Kommunikationsprozessen auf berechenbare Abläufe, um überhaupt zu einer Organisation zu werden. Sie können sich die angenehme Zwangs- und Regellosigkeit in Freundesgruppen oder an der Biertheke nicht leisten. Nur weil Organisationen strukturiert sind, kann man überhaupt in ihnen Mitglied werden. Ohne Strukturierungen keine Mitgliedschaft – und man könnte ergänzen: ohne Mitgliedschaft keine Organisationen. Denn Organisationen brauchen klare Vorstellungen, wer zu ihnen gehört, um Strukturierungen entwickeln zu können. Die wilde Zecherei in Studentenkreisen wird erst dann zur burschenschaftlichen Unternehmung, wenn man dem Trinkgelage den Namen irgendeines Germanen gibt, sich das Besäufnis von »alten Herren« bezahlen läßt, sich vorher im Fechtkampf gegenseitig Narben zugefügt hat und sich einen verbindend-verbindlichen Trinkspruch zulegt. Nicht jeder und jede kann nunmehr an diesen erlesenen Kreisen teilnehmen. Die organisierte Erhöhung des Alkoholpegels bleibt jetzt einer festdefinierten Gruppe vorbehalten. Regeln und Mitgliedschaft bedingen sich gegenseitig.

Das »Privileg« einer Mitgliedschaft in einer Burschenschaft, in einer Partei, einem Unternehmen, einem Häkelclub oder in dem berühmt-berüchtigten Kaninchenzüchterverein verlangt von den Mitgliedern die Akzeptanz von bestimmten Mitgliedschaftsregeln. Sonst würde in einem Unternehmen diejenige Geschäftsführerin werden, die die schönsten Topflappen häkelt, die Bierflasche mit den Zähnen öffnen kann oder die größten Zwergkaninchen züchtet. Die Einhaltung von Mitgliedschaftsregeln wird durch Ämterstrukturen, Ressourcenverteilungen, Verantwortlichkeiten, Weisungshierarchien, Kontrollmechanismen und Kommunikationswege garantiert (Luhmann 1975a: 41). Dabei ist es zunächst egal, ob es sich um einen internationalen Medienkonzern, das Sozialamt um die Ecke oder den schon angesprochenen Kleintierzuchtverein handelt.

Die Bestimmung von Mitgliedschaft und Nichtmitgliedschaft durch die Austeilung von Parteibüchern, die Unterzeichnung eines Arbeitsvertrages oder bloße, nicht weiter schriftlich fixierte Übereinstimmung ist zwar die Grundbedingung für die Existenz einer Organisation, reicht jedoch noch nicht aus, um diese mit Leben zu füllen. Eine Organisation existiert erst durch Entscheidungen (vgl. Simon 1957; Luhmann 1981: 339). Entscheidungen sind ihr Lebenselixier. Durch sie werden verschiedene Möglichkeiten in Eindeutigkeiten umgewandelt. Durch sie werden die vielen möglichen »Zukünfte« zu der einen, unverwechselbaren Realität kondensiert.

Damit sich eine Wirtschaftsorganisation von Burschenschaften und Kaninchenzüchtervereinen unterscheiden kann, müssen sich diese Entscheidungen an bestimmten Strukturen (Normen) und Identitäten orientieren. Wirtschaftsorganisationen haben prinzipiell ihre Entscheidungen an der Sicherung von Zahlungsfähigkeit bzw. der Maximierung ihres Gewinnes zu orientieren. Das bedeutet aber noch lange nicht, daß sich alle Entscheidungen in einer Wirtschaftsorganisation an diesem Leitprinzip ausrichten. Die Sicherung von Zahlungsfähigkeit dient lediglich als Bewertungsmaßstab, als Prämisse für eine bestimmte Art von Entscheidungen (vgl. Tacke/Wehrsig 1992: 229f). Die Sekretäre in einem Unternehmen können ruhig Pflanzen begießen, Bier trinken oder gar Wellensittiche und Kaninchen halten, solange der Zweck der Wirtschaftsorganisation erfüllt ist.

Durch die Verknüpfung von Organisationsgrenzen, Entscheidungen, Normen und Identitäten erlangt eine Organisation eine größere Stabilität gegenüber spontanen Interaktionen. Deswegen existieren viele Häkelclubs, viele Burschenschaften und viele Unternehmen länger als die Warteschlange vor der Telefonzelle oder die gemütliche Runde, die sich zum Bier an der Eckkneipe trifft.

Organisationen sind so zwar einerseits die Einschränkungen von Handlungsmöglichkeiten und die Disziplinierung von spontanen und relativ ungeordneten Kommunikationsprozessen, bieten andererseits jedoch auch eine Stabilität und Sicherheit, aus der sich neue Möglichkeiten erschließen. Organisationen sind damit gegenüber Freundeskreisen, Warteschlangen und unstrukturierten Besäufnissen ein Weniger und Mehr zur gleichen Zeit.

### *So wie immer oder anders*

Jede Managerin, jeder Mitarbeiter eines Unternehmens kann es bezeugen: Die Koordination kollektiven Handelns stellt sich als das zentrale Problem von Organisationen dar. Wenn man sich nicht ständig auf gemeinsames Handeln einigen müßte, wäre vieles leichter, blieben viele alltägliche Konflikte aus. In Unternehmen hat man nicht die gleiche Freiheit wie in einem Freundeskreis, wo man – wenigstens theoretisch – alles besprechen, alles machen und alles ausprobieren kann. Organisationen bzw. Unternehmen existieren eben nicht aus reiner Freude am Zusammensein. Sie haben einen Zweck.

Wie kann man jetzt kollektives Handeln auf diesen Zweck hin koordinieren? Es gibt grob gesprochen zwei Möglichkeiten, die zugegebenermaßen banal klingen: Entweder man entscheidet sich, wie man sich schon immer entschieden hat, man wiederholt also eine Handlung, oder man macht etwas Neues. In der Systemtheorie werden diese beiden Möglichkeiten etwas hochgestochen als Redundanz und Varianz bezeichnet. Redundanz (fortan: Wiederholung oder Stabilität) ist die strukturelle Einschränkung der Entscheidungszusammenhänge (Atlan 1979). Sie ist dann am höchsten, wenn eine einzige Information ausreicht, um die ganze Organisation zu kennen (vgl. Luhmann 1988a: 174) und ihr Verhalten vorauszusagen. Varianz (fortan: Wandel oder Flexibilität) beschreibt die Verschiedenartigkeit von Entscheidungen. Das Verhalten der Organisation und in der Organisation ändert sich ständig.

Alle Organisationen – unser internationaler Medienkonzern genauso wie der Kaninchenzüchterverein von Elmshorn – stehen vor der Aufgabe, einen »vernünftigen« Ausgleich zwischen Stabilität und Flexibilität zu finden. Sie müssen einen Mittelweg zwischen der »Selbstlähmung perfekter Ordnung« (Diktatur) und der »Willkür perfekter Unordnung« (Anarchie) (Willke 1989a: 96f; vgl. Mingers 1992: 18) anstreben. Der Bielefelder Systemtheoretiker Niklas Luhmann spricht von dem Paradox, daß eine Organisation Stabilität und Flexibilität braucht, aber nicht beides zugleich anstreben kann. Eberhard Schnelle, einer der Gründer der von mir untersuchten Organisationsberatungsfirma Metaplan, stellt fest, daß Unternehmen durch Hierarchie Stabilität erzeugen und damit die notwendige Ordnung für Produktionsabläufe herstellen. Gleichzeitig unterlägen Unternehmen aber aufgrund von Konkurrenzbedingungen den Gesetzen des Wandels. Aus seiner Sicht sind »Wandel und Stabilität ein scheinbar gegensätzliches Paar«, weil jeder Wandel zu einer Störung der etablierten Ordnung führt (1989: 6). Organisationen suchen einerseits nach Flexibilität, um sich einer sich verändernden Umwelt anzupassen, und haben andererseits einen inneren Drang nach Stabilität (vgl. Thompson 1967: 10ff). Stabilität ist dabei die Voraussetzung für technologische Effizienz, Ökonomisierung, Berechenbarkeit und Kontrollierbarkeit. Flexibilität ist notwendig, um organisatorische Anpassung, Effektivität und den Umgang mit dem Unberechenbaren zu gewährleisten (vgl. Tacke 1992: 2).[1]

### *Ein Faible für Sicherheit und Gewißheit*

Jede Entlassung und jede Einstellung, jede Innovation und jede Investition, jeder Wechsel des Zulieferers, jede Bestechung und jede Erschließung neuer Kundenkreise lassen sich letztlich auf einen Punkt reduzieren: Wie geht ein Unternehmen mit interner oder externer Unsicherheit um? Unsicherheit bezeichnet den Umfang, in dem Wandel bzw. Flexibilität in die Organisation hineingelassen wird.[2] Organisationen – und dabei unterscheiden sie sich nicht grundsätzlich von den meisten Menschen – scheinen eine Vorliebe für die Reduktion dieser Unsicherheit zu haben: Neue Mitarbeiterinnen und Mitarbeiter bringen erst mal unwillkommene Unruhe; als Zulieferer und Kunden bevorzugt man diejenigen, deren Zahlungs- und Liefermoral man schon kennt, und ein Problem bearbeitet man am liebsten in der altbewährten Art und Weise. Es gibt eine – sehr wohl verständliche – Tendenz zur einseitigen Ausrichtung auf Sicherheit, zur Schaffung von Gewißheit und zur Minimierung von Risiko (vgl. Thompson 1967: 152). Der konservative, christdemokratische Wahlslogan »Keine Experimente« setzt an dieser tief verankerten Neigung an. Steckt man nicht völlig in der Krise, bleibt man beim Herkömmlichen, das – wenigstens in der eigenen Wahrnehmung – auch häufig das Bewährte ist. Luhmann spricht von der permanenten Neigung, Strukturen zu kondensieren und damit Stabilität zu erhöhen (1988a: 174). Für Unternehmen bedeutet dies salopp ausgedrückt: Allem Innovations- und Flexibilitätsgerede zum Trotz bleibt der geheime »Wunschtraum« des normalsterblichen Managers, daß sich jeder Arbeitsprozeß auf ewige Zeit ökonomisch durchkalkulieren und standardisieren läßt und dadurch das Verhalten des Personals völlig bestimmbar und kontrollierbar wird. Das perfekt durchkonstruierte, reibungslos funktionierende Unternehmen ist wohl nur dem chronischen Workaholic ein Graus. Einziges Problem für den Manager: Da in dieser idealtypischen Konstellation der Aufgabenbereich »Managen« selbst überflüssig wird, würde der organisationelle »Wunschtraum« aus der rein persönlichen Perspektive des Managers zum »Alptraum« werden.[3]

Das Faible für Sicherheit bzw. Stabilität in Organisationen ist erklärlich, weil Organisationen aufgrund ihrer Entstehungs- und Ausdifferenzierungsgeschichte strukturkonservierend sind und sein müssen. Sie grenzen sich von der Anarchie absoluter Freiheit eben gerade dadurch ab, daß sie die Spannweite der Möglichkeiten verkleinern und die Zahl der Ergebnisse, die auftreten können, verringern (Weick 1985: 15; vgl. Weber 1992: 7). Unternehmerische Strategien zielen also verständlicherweise darauf ab, die zur Verwirklichung des Organisationszieles notwendigen technischen und sozialen Strukturen so zu organisieren, daß der Betrieb Verhältnisse vermeidet, durch die Unsicherheiten in die Organisation transportiert werden (vgl. Altmann/Bechtle 1971: 30; Rammert 1988: 24).

## 2. Taylorismus und Bürokratie: Der Sieg der ewigen Wiederholung

In der herkömmlichen bürokratisch-hierarchischen und tayloristisch-fordistischen Organisationsform ist der Vorliebe für Sicherheit nicht nur Rechnung getragen worden, sondern die Erzeugung von Stabilität wurde zum Patentrezept für erfolgreiche und effiziente Organisationsführung erklärt.[4] Der Traum eines beherrschbaren und gleichzeitig hocheffizienten Unternehmens schien ab Ende des 19. Jahrhunderts im Zuge der zweiten industriellen Revolution Wirklichkeit zu werden. Durch eine Ausrichtung der gesamten Organisation auf Stabilität sollte das Verhalten von Arbeitern, Abteilungen und Kunden generell berechenbar werden.[5]

1911 beschrieb der amerikanische Ingenieur und Begründer der wissenschaftlichen Betriebsführung Frederick Winslow Taylor die Trennung der planenden und kontrollierenden von den ausführenden Tätigkeitsfunktionen als Grundbedingung für eine effiziente Unternehmensorganisation. Nach seinen Vorstellungen sollte jedes Detail des Produktionsprozesses analysiert und wissenschaftlich aufbereitet werden. Die atomistisch zergliederten Tätigkeiten, die nur geringe Qualifikationen von den Arbeitern verlangten, sollten dann im nächsten Schritt organisationell wieder zusammengeführt werden. Menschen und Maschinen werden wie in einem Uhrwerk miteinander verzahnt. (Taylor 1967; Braverman 1974: 112-121; Manske 1991: 259; Gottschall 1992: 60). Seinen Organisationsansatz auf eine einfache Formel bringend, erklärte Taylor: »Bisher stand die Persönlichkeit an erster Stelle, in Zukunft werden die Organisation und das System diesen Platz einnehmen.« (zitiert nach Fuchs 1992a). Das von Taylor entwickelte Prinzip wurde von Henry Ford, Gründer der Fordwerke und treibende Kraft bei der Einführung der Massenproduktion in den USA, nicht nur in seinen Automobilfabriken konsequent angewandt, sondern er dehnte es über den eigentlichen Produktionsprozeß hinaus aus. Im Fordismus wurde das gesamte unternehmerische Handeln, von der Beschaffung der Rohmaterialien bis zum Verkauf der produzierten Waren, einem an dem Prinzip des wissenschaftlichen Managements orientierten Rationalisierungsprozeß unterworfen.

Zur gleichen Zeit, als Taylor die Prinzipien der wissenschaftlichen Betriebsführung aufstellte, entwickelte der deutsche Soziologe Max Weber seine Bürokratietheorie, die eine ähnliche Stoßrichtung hatte wie die tayloristische Denkweise. Bürokratien sind durch fixierte, offizielle Regeln gekennzeichnet. Die zur Aufrechterhaltung der Bürokratie notwendigen Aktivitäten sind eindeutig verteilt und klar definiert. Weisungsberechtigte Vorgesetzte koordinieren die verschiedenen Aufgabenbereiche. Schriftliche Dokumente gewährleisten die Kontrolle und die Befolgung von Anordnungen (Weber 1964; vgl. Boudon/Borricaud 1992: 52ff). Obwohl Webers Bürokratietheorie am Beispiel der öffentlichen Verwaltung entwickelt wurde, läßt sie sich – häufig problemlos – auf private Unternehmen, auf Gewerkschaften und politische Organisationen übertragen. Trotz all der populären Verteufelung von Bürokratisierungstendenzen in modernen Gesellschaften und der verbreiteten Ablehnung der für Bürokratie typischen »Entpersönlichung« durch die »Verwaltung von Sachen« darf man nicht vergessen, daß gerade die Berechenbarkeit bürokratischer Abläufe – und sei es die Berechenbarkeit, daß sich nichts bewegt und nichts passiert – einen enormen Evolutionssprung ermöglichte: Die Präzision, Stetigkeit, Disziplin, Straffheit und Verläßlichkeit bürokratischen Handelns gab dem Herrn und den Beherrschten die Sicherheit, um ihre Leistungen zu vervollkommnen.

Eberhard Schnelle, der seinen Organisationsansatz ebenso wie Jürgen Fuchs von der Ploenzke Gruppe in Abgrenzung zum bürokratischen Modell entwickelte, weist auf die Ähnlichkeit von Bürokratien mit dem Taylorismus hin: »Die Verwaltungsarbeit oder Entscheidungsarbeit oder Kontrollarbeit oder Planungsarbeit wurde nach den gleichen Methoden schematisiert und vereinfacht, die wir von der Materialbearbeitung in der Fabrik her kennen: Die Arbeit wurde geteilt.« (Schnelle 1989: 1) Die entstehenden vielgliedrigen organisatorischen Gebilde, so stellt er fest, konnten zunächst nur durch ein Verfahren zusammengehalten und koordiniert werden: die Hierarchie. »Hierarchie sorgt für Stabilität und

Kontinuität« (ebd.). Die bürokratische Sicherung von Herrschaft in Organisationen und die Steigerung organisationeller Effizienz schienen sich insofern untrennbar wechselseitig zu bedingen (vgl. Klebe/Roth 1988: 24).

Die Zerlegung, Standardisierung und Formalisierung von Abläufen, grundlegend für Webers Bürokratietheorie und Taylors wissenschaftliche Betriebsführung, bot die Sicherheit, aufgrund derer sich Staaten die – wenn auch bürokratisierten – Eskapaden parlamentarisch-demokratischer Herrschaft und die konsumorientierte Verbreitung von Massenprodukten leisten konnten; zwei Entwicklungen, die näher beieinanderliegen, als man auf den ersten Blick vermutet. Sowohl Taylor als auch Weber zweifelten nicht daran, daß ihre Modelle ein Höchstmaß an Schnelligkeit, Sachlichkeit und Effizienz gewährleisteten. Keine andere Organisationsform könne es mit der rationalen Bürokratie oder dem wissenschaftlichen Management an technischer Leistungsfähigkeit aufnehmen (vgl. Weber 1964: 716; Deutschmann 1987: 132). Taylors »one best way« für eine Organisation und Webers »Rationalität« von bürokratischem Handeln zeigen, daß sie einem Unternehmen grundsätzlich zutrauten, sich durch konsequente Anwendung ihrer Prinzipien stabil und effizient aus- und einzurichten.

### *Formalisierung, das Rezept gegen Unsicherheit*

Im tayloristischen oder weberianischen Denken sollte durch eine konsequente Formalisierung aller intra- und interorganisationalen Prozesse Unsicherheit gegen Null reduziert werden. Formalisierung bezeichnet einen sozialen Prozeß, in dem »ein Ablauf an Operationen künstlich fixiert, wiederholbar, berechenbar und für andere übernehmbar gemacht wird« (Rammert 1988: 162). Völlige Sicherheit durch die vollständige Programmierung von Tätigkeiten wäre dann erreicht, wenn jedes relevante Ereignis zu einem Stimulus für eine eindeutig festgelegte Reaktion werden würde (vgl. Zintl 1970: 220). Von der französischen Telefongesellschaft France Telecom sagt man, ein kleines Husten des Vorstandsvorsitzenden Marcel Roulet am Morgen führe automatisch dazu, daß am Mittag das ganze Unternehmen verschnupft ist. Ein minimaler Informationsaufwand reicht zur Steuerung ganzer Organisationsprozesse aus. Wenn es gelänge, das Verhalten aller Organisationsteile untereinander und gegenüber Veränderungen auf dem Markt vollständig festzulegen, entstünde ein Unternehmen, wie es sich der frühere Chef von ITT, Harold Geneen, wünschte: Selbst Mickymaus könnte es leiten (vgl. Fuchs 1992e).

In formalisierten, hierarchisch koordinierten Organisationen ist alles klar. Es herrscht eine nahezu absolute Erwartungssicherheit. Solche Organisationen sind, so Jürgen Fuchs, durch Vorschriften und Stellenerwartungen »perfekt« organisiert: Richtlinien richten alles und alle exakt aus, damit ja keiner etwas an- oder gar ausrichtet (Fuchs 1993c: 26). Die Rollen der Führungskräfte, Mitarbeiterinnen und Mitarbeiter innerhalb einer solchen Struktur sind einfach, klar und verhältnismäßig konstant. Die Grenzen im Unternehmen wirken wie Markierungen auf einer Landkarte. Indem sie deutlich erkennen lassen, wer wem unterstellt und wer wofür verantwortlich ist, dirigieren und koordinieren sie das Verhalten der einzelnen und machen es dem gesamten Unternehmen nutzbar (Hirschhorn/Gilmore 1993: 30).

Formalisierung geschicht durch die Festlegung von »Entscheidungsprämissen« (Simon 1957), die jeweils für mehr als nur eine Entscheidung gelten (vgl. Luhmann 1988a: 176) – im tayloristischen oder bürokratischen Idealfall für alle. Bürokratien streben Formalisierung an durch klar fixierte Aufgabenverteilung, rigide Abteilungsgrenzen, genaue Arbeitsplatzbeschreibungen, starre Autoritätsgliederung und reglementierte Ablaufwege (nach Rammert/Wehrsig 1988: 311; vgl. Weber 1964; Scott 1986). Das tayloristische Prinzip besteht in einer Verwissenschaftlichung der Betriebsführung. Das Wissen der Arbeiter über nicht dokumentierte Arbeitsabläufe soll aus ihnen herausgezogen und in nach wissenschaftlichen Methoden ermittelte Regeln, Formeln und Gesetze umgewandelt werden (Breisig 1990: 57; siehe auch Braverman 1974: 112ff; Zarifian 1990: 13ff; Manske 1991: 259).

Die Charaktereigenschaften des tayloristisch-fordistischen bzw. bürokratisch-hierarchischen Modells lassen sich mit Luhmann weiter ausdifferenzieren.[6] Anknüpfend an ihn, unterscheiden die Industriesoziologen Gert Schmidt und Martin Heidenreich drei unterschiedliche Formalisierungs- oder Technisierungsmedien. Erstens können die Medien sozialen Handelns – aufbau- und ablauforganisatorische Regelungen oder informelle Gruppenregeln – Verhaltenserwartungen fixieren. Zweitens bieten sich Werte oder verinnerlichte Wahrnehmungs- und Verhaltensmuster – Medien psychischer Systeme – als Formalisierungsmittel an. Die dritte Möglichkeit bezieht sich auf Maschinen, Gebäude oder Betriebszeitungen als dingliche Medien.

| Art des Mediums | Ziel | im Taylorismus |
|---|---|---|
| Medien sozialen Handelns | aufbau- und ablauforganisatorische Regelungen | Hierarchie und Bürokratie |
| Medien psychischer Systeme | Werte und verinnerlichte Wertemuster | fixierte Erwartung an Stelleninhaber |
| Dingliche Medien | Eingießung in Technik und Gebäuden | Automatisierung, Fließband |

*Abbildung 2:* Formalisierungsmedien in tayloristischen Organisationen

Wie sehen diese Formalisierungsmedien im einzelnen aus? Organisationen können Entscheidungsprogramme in Form von Regeln, Gesetzen und Planungen aufstellen. Diese können Zweckprogramme sein, die auf ein bestimmtes Ergebnis abzielen. Dazu zählen aber auch Konditionalprogramme, die für den Fall eines definierten Inputs den Spielraum für Entscheidungen begrenzen oder im Idealfall die Entscheidungen festlegen (Luhmann 1988a: 176). Das zweite Instrument zur Erhöhung von Stabilität zielt auf die Festlegung von Kommunikationswegen. Das Paradebeispiel sind Hierarchien mit ihren reglementierten und kanalisierten Informationsflüssen. Organisationen können aber auch über Personen Stabilität gewährleisten. Die Kenntnis und Berechenbarkeit einer Person läßt voraussagen, wie sie sich in einer bestimmten Situation verhalten wird. Insofern sind Personen ein »festverschnürtes Paket von Entscheidungsprämissen« (Luhmann 1988a: 178). Diese drei Wege zur Produktion von Stabilität lassen sich in Form der »Stelle« zusammenführen: Jede Stelle ist eine spezifische Kombination von programmatischen, kommunikationsstrukturierenden und personalen Entscheidungsprämissen. Über nichts läßt sich die traditionelle bürokratische Organisation besser charakterisieren als über Stellen, Stellenbeschreibungen, Stellenausschreibungen und Stellenbesetzungen.[7]

Eine raffinierte Methode der Produktion von Stabilität ist die Technisierung bzw. Maschinisierung von organisationellen Abläufen (dingliche Medien), bis hin zur Automatisierung ganzer Produktionsabläufe (Luhmann 1975a: 71). Der Mensch erreicht nicht die Leistungsfähigkeit und Zuverlässigkeit einer Maschine und gilt daher als potentieller Unsicherheitsfaktor.[8] Er wird aus dem unmittelbar betroffenen Organisationsprozeß herausgenommen und/oder durch Entlassung eliminiert. Technisierung formalisiert einen Prozeß so weit, daß es nur noch die Möglichkeit der Akzeptanz oder Ablehnung gibt. Der Zigarettenautomat zum Beispiel kann nur zwischen dem Zustand »absoluter Identität« (Zigaretten werden gegen Geld getauscht) und dem »absoluter Differenz« (Zigaretten werden nicht herausgegeben) unterscheiden (Schimank 1986: 81). In einem solchen Prozeß wird Unsicherheit auf Null reduziert, da Maschinen nur vorbestimmte Verknüpfungen zwischen Umweltimpulsen und Outputs herstellen können. Die Erzeugung von Stabilität durch Technik ist in ihrer tieferen Logik nicht allzuweit von der Produktion von Stabilität durch Organisationsgestaltung und Personen entfernt. So werden hierarchische Organisationen auch als »Maschinenbürokratien« (vgl. Mintzberg/McHugh 1985: 160) bezeichnet. Tayloristische bzw. fordistische Unternehmer sehen ihre Angestellten lediglich als begrenzt rationale, maschinenähnliche Wesen an, die man von außen steuern, kontrollieren und motivieren muß (vgl. Breisig 1990: 58).

### *Was macht man mit »Restunsicherheit«?*

Die völlige Beseitigung von Unsicherheit blieb selbst für das tayloristischste aller tayloristisch-fordistischen Unternehmen, die Fordwerke in den USA, ein Traum, der nicht zu verwirklichen war.

Henry Ford verkündete, daß bei ihm der Kunde sein Auto in jeder Farbe haben könne, wenn diese nur Schwarz sei. Solch eine Ignoranz akzeptierten die Kunden lediglich so lange, wie sie nicht auf einen roten Cadillac, einen rosa Chevrolet oder einen blauen Mercedes als Alternative zurückgreifen konnten. Selbst Unternehmen, die die Erzeugung von Stabilität zum zentralen Organisationsprinzip erklärten, mußten mit dem Aufkommen von Konkurrenz ein Minimum an Flexibilität zulassen. Auch die Fordwerke begannen in den dreißiger Jahren, besonders angesichts der wachsenden Konkurrenz durch General Motors, ihre Fahrzeuge in verschiedenen Farben auf den Markt zu bringen.

Die Produktion sollte aber weiter so funktionieren, als ob der Markt ein ständig gleiches Produkt fortdauernd aufnähme und der Input in den Produktionskreislauf in immer gleicher Qualität gewährleistet wäre. Durch die Annahme absolut kontrollierbarer Kausalitäten ließ sich der produktive Kern (in der Regel die Fertigung) nach dem Stabilitäts- bzw. Redundanzprinzip organisieren, während die Abarbeitung von Unsicherheiten in managerielle Funktionsbereiche delegiert wurde (vgl. auch Crozier/Friedberg 1977: 165). Diese Pufferstrategie bringt ersichtlich Stabilität für den produktiven Kern, muß jedoch von der Organisation durch die funktionale Ausdifferenzierung »unsicherheitsbearbeitender« Abteilungen erkauft werden (vgl. Thompson 1967: 21).[9] Solche »Unsicherheitsabsorber« sind das leitende Management, die Abteilung für Arbeitsvorbereitung, die Organisationsabteilung, Ein- und Verkauf sowie Forschung und Entwicklung. Dieses Prinzip tayloristischer Organisationen spiegelt sich, wie der Mitbegründer von Metaplan, Wolfgang Schnelle, zeigt, in den Anforderungen an die Mitarbeiter und Mitarbeiterinnen wider. Von den Arbeitenden wird eher die Fähigkeit zum Wiederholen als zum Wandel verlangt: »Sie sollen zuverlässig, sicher, beharrlich und gleichbleibend intensiv die ihnen übertragenen Aufgaben erledigen. Experimentierfreude, Umstellungsfähigkeit und Risikobereitschaft wird meist nur von den wenigen Mitarbeitern innovativer Stäbe erwartet.« (Schnelle 1978: 1)

Das tayloristisch-fordistische und bürokratisch-hierarchische Organisationsmodell wurde weithin als die effizienteste Unternehmensform akzeptiert. Selbst viele Gewerkschaften arrangierten sich mit dieser Art der Organisation kollektiven Handelns als der vermeintlich rationellsten und systematischsten (vgl. Linhart 1991: 26). Sie behandelten Managementfragen der Arbeitsorganisation als zweitrangig und schienen sich selbst häufig nur als funktional ausdifferenzierte Abteilung zur Durchsetzung höherer Lohnforderungen zu verstehen.

Der bürokratische Organisationstyp ist aber trotz seiner Fähigkeit, in einem gewissen Rahmen Unsicherheit zu absorbieren, von einer relativ stabilen Umwelt abhängig.[10] Diese stabile Umwelt war in der Zeit der »Massenproduktion undifferenzierter Produkte« (Coriat 1990: 21) gegeben. Durch eine starke Homogenität der Produkte und eine ständig wachsende Nachfrage wurde von Unternehmen lediglich ein Minimum an Anpassungsfähigkeit gefordert. Mit der radikalen Veränderung dieser Umweltbedingungen steht es auch für Unternehmen an, einen neuen Modus des Organisierens zu finden.

## 3. Warum es nicht mehr so weitergeht – Gründe für einen grundlegenden Organisationswandel

Um die Grenzen hierarchischer, bürokratischer Organisationen angesichts neuer Umweltbedingungen zu illustrieren, beschreibt Jürgen Fuchs (1992d: 17) in Anlehnung an den ostfriesischen Alltagsforscher Otto Waalkes (1984) folgende fiktive (!) Situation aus seinem Unternehmen: »Sie begegnen auf der Straße einem Betrunkenen. Ihr Auge sieht, wie der Mann mit der Faust ausholt. In einer heute üblichen Unternehmensorganisation würde sich dann in etwa folgendes abspielen. Das Auge schickt ein Telefax an seinen zuständigen Vorstand und entschuldigt sich zunächst für die Störung mit dem Hinweis auf die Gefährlichkeit und Einmaligkeit der Situation:

*Auge an Vorstand:*

1. Eine Faust kommt auf uns zu!
2. Erbitte, das Lid schließen zu dürfen.
3. Empfehle Ausweichschritt und gegebenenfalls Flucht.

*Vorstand an Auge:*
Ich möchte keinen Präzedenzfall schaffen. Legen Sie mir deshalb bitte einen Investitionsantrag für das Schließen des Lides mit Aufwand und Nutzen vor. Wie Sie wissen, bin ich für Punkt 3 nicht zuständig. Machen Sie mir bitte eine Vorstandsvorlage. Ich werde Ihr Anliegen dann im Gesamtvorstand vortragen.

*Auge an Vorstand:*
zu 1. Die Faust kommt immer näher!
zu 2. Der Aufwand für das Schließen des Lides beträgt circa 1,7 Kalorien. Der Nutzen ist nicht quantifizierbar.
zu 3. Für die Vorstandsvorlage brauche ich mindestens zwei Tage. Befürchte, dann ist es zu spät. Empfehle dringend, etwas zu unternehmen.

*Vorstand an Auge:*
Was heißt immer näher? Bitte exakte Angaben! Angesichts der begrenzten Investition könnte ich zustimmen, wenn der Aufwand durch das Budget gedeckt ist. Der Gesamtvorstand tagt erst nächste Woche Dienstag. Bis dahin erwarte ich Ihre Vorlage.

*Auge an Vorstand:*
Ich ziehe meine Anträge zurück. Bestellen Sie bitte einen Krankenwagen.«[11]

Weswegen versagt diese über hundert Jahre erfolgreiche Umgehensweise mit Betrunkenen im speziellen und mit turbulenten Umweltbedingungen im generellen? Fuchs gibt als Gründe an, daß »bei den schnellen Innovationszyklen, der Dynamik und der Globalisierung der Märkte und bei unserem beschleunigten Wandel in eine Informations- und Dienstleistungsgesellschaft« die hierarchischen und tayloristischen Organisationsleitbilder an ihre Grenzen stoßen (1992d: 15). Einen ähnlichen Gründecocktail für das Ende bürokratischer Organisationsmodelle finden wir bei Tom Peters. Aus seiner Sicht führen der hohe Ölpreis, eine Trillion Dollar Schulden von unterentwickelten Ländern[12], Unternehmensfusionen, Desintegration, Joint-ventures, technologische Revolutionen in Design, Produktion und Distribution, neue ausländische und inländische Konkurrenten und sich verändernde Geschmäcker zur Notwendigkeit, Wirtschaftsorganisationen grundsätzlich anders zu organisieren (Peters 1988b: 36f).

Um nicht wie Fuchs oder Peters in einer allzu globalen Begründung für den Wechsel von bürokratisch-tayloristischen zu neuen dezentralisierten und entbürokratisierten Unternehmensformen zu verharren, ist es notwendig, das Geflecht der Gründe näher zu analysieren. Es gibt zwei grobe Erklärungslinien: Der eine Ansatz basiert auf der Annahme einer grundlegenden Veränderung der Marktnachfrage, der andere auf einer durch die Entwicklung der Informations- und Kommunikationstechniken forcierten technologischen Revolution. Beide Erklärungsansätze werden meistens entweder in Form einer Aufzählung aneinandergereiht oder der eine Ansatz deduktiv aus dem anderen abgeleitet. Ich versuche im folgenden, diese beiden Ansätze miteinander in Beziehung zu setzen und ihre Auswirkungen auf Organisationen durch einen Fokus auf die unternehmerischen Innovationsanforderungen zusammenzuführen.

### *Markt und Technik*

Die Krise des Systems der Massenproduktion resultiert in Massenarbeitslosigkeit, Wachstumskrisen in westlichen Industrieländern und dramatisch schrumpfenden Industriebranchen (vgl. Piore/Sabel 1985). Auf den verbleibenden Märkten für Massenprodukte findet ein verschärfter Preiskampf statt. Ein wesentlicher Grund für diese Krisenerscheinungen sind die Sättigungstendenzen auf den Massenproduktionsmärkten: Insofern hat das Massenproduktionsmodell »seine Krise« selbst produziert. Es stößt an seine »inneren Grenzen« (Brandt 1986: 108; vgl. Manske 1991: 232). Es hat sich zu Tode gesiegt.

Die Nachfrage verlagert sich immer mehr zu hochdifferenzierten Produkten: Man will sein »persönliches« Auto, das den eigenen Ansprüchen vollkommen entspricht und sich möglichst auch noch von allen anderen Fahrzeugen unterscheidet. Die Betriebe müssen ihre Produktpaletten ausweiten, die Variantenvielfalt erhöhen, die

Produktzyklen verkürzen und auf individuelle Sonderwünsche eingehen. Das Verhältnis zwischen Quantität und Qualität kehrt sich um (vgl. Crozier 1989: 30). Während früher Produktion auf dem Ausstoß möglichst großer Mengen basierte, ist jetzt Qualität gefragt, verbunden mit umfangreichen Serviceleistungen.

Dieser Erklärungsansatz lehnt sich an die sogenannte Market-pull-theory an, die technischen und organisatorischen Wandel durch sich verändernde Nachfragen erklärt. Sie weist Ähnlichkeiten zu der klassischen ökonomischen Theorie auf, die von einem Primat der Bedürfnisse ausgeht. In der strikt marktwirtschaftlichen Variante dieser Theorie ist Technik – und in gewisser Weise auch Organisation – ein Stoff, der allein durch die selektiven Kräfte der Berechnung von Kosten und Gewinnen geformt wird (vgl. Bredeweg/Kowol/Krohn 1993). Diesem Ansatz steht die Technology-push-theory konträr gegenüber. Sie geht in ihrer extremen Variante davon aus, daß Technik gesellschaftliche und organisationelle Entwicklungen determiniert.

Entgegen vielfachen Befürchtungen hat die Einführung von Informations- und Kommunikationstechnologie nicht zur totalen Kontrolle, Ausgrenzung oder Wegrationalisierung von Mitarbeitern geführt. Vielmehr scheinen Informations- und Kommunikationstechnologien – organisationelle Veränderungen vorausgesetzt – die Handlungsmöglichkeiten in Organisationen zu erhöhen. Bruno Rücker, Mitglied des Geschäftsleitungskreises der Ploenzke Gruppe, plädiert dafür, Informationstechniken als »Nervensystem ökonomischer Organismen« zu begreifen. Das von ihm konstatierte Dilemma zwischen »Informationsüberfluß« und »wachsender Kommunikationsarmut« verlange, »überalterte Management- und Organisationskonzepte in Frage zu stellen und gezielte Verhaltensänderungen in die Wege zu leiten« (Ploenzke AG 1991: 15; vgl. auch Fuchs 1992a). In die gleiche Kerbe schlägt der Geschäftsführer der von mir untersuchten holländischen Elektronikfirma, Gerard Endenburg, wenn er feststellt, daß es sich bei der Informationstechnologie um eine revolutionäre Entwicklung handele, die alle Bereiche des täglichen Lebens erfasse: »Diese Revolution verbessert unsere Fähigkeit, Organisationen zu beherrschen, und macht

Geheimniskrämerei zunehmend zu einem teuren und nutzlosen Unterfangen.« (Endenburg 1986: 4)

Sowohl die Erfahrungen im holländischen Elektronikunternehmen als auch die bei der Ploenzke Gruppe in Kiedrich zeigen einen erhöhten Bedarf an direkter Abstimmung zwischen Mitarbeitern und Mitarbeiterinnen. Die Computer »fördern und verstärken«, so Jürgen Fuchs (1991), »die Fähigkeit des Menschen: seine Kreativität, seine Initiative, sein Wissen und seine Kommunikationsfähigkeit«. Computer- und Kommunikationsnetze böten »nahezu optimale Voraussetzungen für den schnellen und unbürokratischen Nachrichtentransfer unter allen Mitarbeitern« (Fuchs 1992a: 14). Informations- und Kommunikationstechnologien können eine wachsende Anzahl von Mitarbeitern in unterschiedlichsten Positionen an Entscheidungen beteiligen (vgl. Huber 1990).

Wie aber passen diese Beobachtungen mit der oben ausgeführten tayloristischen Strategie zusammen, durch Technisierung Stabilität zu erzeugen und Unsicherheiten zu reduzieren? Um diese scheinbar gegensätzlichen Tendenzen aufzulösen, schauen wir uns die Struktur der Informations- und Kommunikationstechnologie genauer an. Bei diesen neuartigen Technologien handelt es sich, wie die Soziologen Werner Rammert und Christoph Wehrsig herausstellen, nicht mehr in erster Linie um materielle Erzeugnisse, sondern vielmehr um Symbolsysteme, um die Verknüpfung von Zeichen. Es geht bei diesen Technologien also nur in zweiter Linie um die Mechanisierung von Bewegungsabläufen, die noch bei der industriellen Technisierung im Vordergrund standen. Informations- und Kommunikationstechnologien zielen vielmehr auf die »programmatische Fixierung von Kommunikationsabläufen« (Rammert/ Wehrsig 1988: 305).

Die Fähigkeit, Komponenten des betrieblichen Ablaufs auf einer symbolischen Ebene zu vereinheitlichen und flexibel zu verbinden – sei es als Bilder, Texte oder Werkstücke –, ermöglicht die Koordinierung bisher getrennt operierender Abteilungen. Im Gegensatz zu Maschinen, die lediglich auf einzelne Operationen zielen, fokussieren die Informations- und Kommunikationstechnologien die gesamtbetrieblichen Abläufe. Der systemische

Charakter von Informations- und Kommunikationstechnologien kommt z.B. dann zur Geltung, wenn man CNC-gesteuerte Bearbeitungsmaschinen, die in der Fertigung benutzt werden, mit der Auftragsabwicklung verknüpft (vgl. Sauer 1988: 342).

Der Systemcharakter und die Flexibilität der neuen Informations- und Kommunikationstechnologien schaffen die Voraussetzung für eine intensivere, anpassungsfähigere Produktion, die Einsparung von Kosten durch rentablere Maschinenauslastung, die Senkung der Lagerhaltungskosten und einen beschleunigten Materialfluß durch Vernetzung auf inner- und zwischenbetrieblicher Ebene (vgl. Asdonk/Bredeweg/Kowohl 1990). Gleichzeitig macht dieser Prozeß es jedoch für das Unternehmen unmöglich, seinen produktiven Kern weiterhin gegen Umwelteinflüsse zu schützen. Durch die Informations- und Kommunikationstechnologien gelangen Schwankungen in der Nachfrage direkt als Unsicherheiten in den Produktionsprozeß. Managerielle Funktionsbereiche wie Arbeitsvorbereitung sowie Ein- und Verkauf verlieren ihre Pufferwirkung und damit häufig auch ihre Existenzberechtigung. Die getrennte Abarbeitung von Standardprozessen und Flexibilitätsanforderungen versagt. Die Zeit, die im tayloristisch-fordistischen Unternehmen blieb, um Innovationen langsam in den Produktionsprozeß einzuführen, gibt es unter den Bedingungen der neuen Informations- und Kommunikationstechnologien nicht mehr. Diese Technologien ermöglichen und erfordern Entscheidungen ohne zeitlichen Verzug (vgl. Tacke 1992: 10).

Die Informations- und Kommunikationstechnologien sprengen die üblicherweise stabilitätserzeugende Wirkung von Technologien, wie wir sie noch bei Maschinensystemen beobachten können. Auf den ersten Blick erzeugen auch die IuK-Technologien Stabilität. Sie setzen Entscheidungsprämissen, strukturieren Kommunikationswege. Mehrdeutigkeit wird in Eindeutigkeit umgewandelt (vgl. Heidenreich/Schmidt 1992: 42). Formale Regeln, bürokratische Prozeduren, externe Kontrollen können in die Computersoftware eingebaut werden (vgl. Heydebrand 1989: 341). Jedoch führen Informations- und Kommunikationstechnologien durch ihren integrierenden und vernetzenden Charakter eine »inhärente Komplexität« mit (Bardmann/Franzpöter 1990: 425). Informationelle Netzwerke werden unüberschaubar und für den einzelnen in ihrer Komplexität nicht mehr kontrollierbar.

Aber genau diese »Internalisierung« (Heydebrand 1989) von formalen Rationalitäten, Berechenbarkeiten und Prozeduren ermöglicht bzw. erfordert die Entwicklung von Abstimmungsmechanismen auf einem höheren Niveau. Es kommt zu einem zunehmenden Kommunikationsbedarf in hochtechnisierten Organisationen.

### *Hochschaukeln von neuen Technologien und veränderten Marktbedingungen*

Wir sehen, daß sowohl aus einer auf die Veränderung des Marktes gerichteten Perspektive als auch aus einer technikzentrierten Sichtweise ein Versagen stabilitätsproduzierender Mechanismen und ein Anstieg von Unsicherheiten zu erwarten sind. Als Folge ist mit einer explosionsartigen Zunahme des Abstimmungsbedarfs in Unternehmen zu rechnen. Die Addition zweier in die gleiche Richtung zielender Tendenzen reicht jedoch nicht aus, die außergewöhnliche Dynamik zu erklären, denen Organisationen zur Zeit ausgesetzt sind. Vielmehr scheint es sich um eine Entwicklung zu handeln, in denen sich technischer Wandel und Veränderung der Nachfrage gegenseitig hochschaukeln; anders ausgedrückt, sich in einem Ungleichgewicht dynamisch rückkoppeln (Bredeweg/Kowol/Krohn 1993). Um diese Annahme zu verstehen, ist es notwendig, den künstlich aufgebauten Gegensatz zwischen Market-pull- und Technology-push-theory im dreifachen Sinne des Wortes »aufzuheben« (Hegel), d.h. die Eigenarten der beiden Theorien zu bewahren, jedoch in ihrer Gegensätzlichkeit aufzulösen, um sie schließlich auf einem höheren Niveau zusammenzuführen. Technische Entwicklungen sind immer schon reflexiv auf mögliche Marktlücken oder auf potentielle Schwachstellen in bestehenden Anlagen ausgerichtet. Eine technische Erfindung kann den Deutungszusammenhang wirtschaftlicher Subjekte am Markt verändern, auf diese Weise eine zentrale Stellung im ökonomischen Deutungskontext erlangen und dadurch sich zu einer umfangreichen technischen Entwicklung ausdehnen (Weingart 1989: 187). Techniken tragen »eine bedürfnisgestaltende Funktion« immer schon in sich (Bredeweg/Kowol/Krohn 1993).

Durch die freie Interpretation des Konzepts der technologischen Konvergenz (Rosenberg 1975) läßt sich ein Erklärungsansatz für die extreme Instabilität finden, denen unternehmerisches Handeln zur Zeit ausgesetzt ist. Technologische Konvergenz bezeichnet eine Universalität von technischen Verfahren, die es ermöglicht, diese Technik relativ problemlos von einem Anwendungsbereich auf einen anderen zu übertragen. Informations- und Kommunikationstechnologien entsprechen dieser Universalität in einem noch stärkeren Maße als die Werkzeugmaschinen, für die die Theorie der technologischen Konvergenz ursprünglich entwickelt wurde. Durch ihre Universalität tragen Informations- und Kommunikationstechnologien in sich die Verlockungen einer nahezu unbegrenzten Anwendungsbreite. Dieser Verlockung können potentielle Kunden nicht oder nur schwerlich widerstehen. Die Steigerung der Nachfrage führt dazu, daß Informations- und Kommunikationstechnologien ihre Universalität einerseits weiter ausdehnen und andererseits ihr Potential in spezifischen Anwendungsbereichen unter Beweis stellen können. In diesem Prozeß schaukeln sich Produktionstechniken (in diesem Fall IuK-Technologien) und Produktdiversifikation (ausgedrückt in einer steigenden Nachfrage nach »Verschiedenheit«) in einem ständigen Ungleichgewicht hoch (Bredeweg/Kowol/Krohn 1993).

### *Innovation: Die Umsetzung von Umweltkomplexität in interne Komplexität*

Die rapiden ökonomischen, technologischen, ökologischen und sozialen Entwicklungen erhöhen die Komplexität für Unternehmen und werden von diesen als Verunsicherung erlebt. Die Komplexität der Umwelt eines Unternehmens bezieht sich auf die Unterschiedlichkeit und Veränderlichkeit der Rahmenbedingungen, in denen sich unternehmerisches Handeln abspielen muß (vgl.

Lawrence/Lorsch 1967: 6; Willke 1989a: 16). Je stärker und dynamischer die Konkurrenten, je umkämpfter die Märkte, je breiter gestreut und anspruchsvoller die Kunden, desto größer ist die Komplexität der äußeren Umwelt eines Unternehmens. Je mehr technische Alternativen sich in einem Produktionsprozeß stellen, je unberechenbarer das Verhalten der Mitarbeiter ist, je höher das Investitionsvolumen in der Fertigung, je kürzer die Produktzyklen, desto komplexer wird die innere Umwelt.

Unternehmen müssen (oder müßten zumindest) auf ein so zunehmend turbulentes Umfeld durch die Steigerung ihrer eigenen Handlungsmöglichkeiten reagieren. Wie wir aus der Organisationssoziologie (Burns/Stalker 1966; Thompson 1967; Mintzberg 1979) und der Systemtheorie (Luhmann 1988a) wissen, reagieren Organisationen auf komplexe Umweltbedingungen mit der Erhöhung ihrer Flexibilität.[13] Mit dem Begriff der Innovation wird die Erhöhung der Handlungsmöglichkeit, die Schaffung von Wandel treffend umschrieben. Organisationelle oder technische Innovation zielt darauf, aus eingespielten Routinen auszubrechen: Produkte sollen kostengünstiger und effektiver hergestellt und vertrieben oder gar ganz neuartige Produkte entwickelt werden.

Innovationsfähigkeit scheint die Ursache des Erfolgs postbürokratischer Unternehmen zu sein. Managementberater von Tom Peters (1988b: 333ff) bis Peter F. Drucker (1992: 97) propagieren Innovationsfähigkeit als zentrales Dogma für erfolgreiche Unternehmen oder solche, die es werden wollen. In zwei Studien des deutschen Instituts für Mittelstandsforschung nannte die überwältigende Mehrheit des Managements von 295 Industrieunternehmen und 415 mittelständischen Firmen hohe Flexibilität in bezug auf externe Veränderungen als entscheidenden Erfolgsfaktor (vgl. Koreimann 1990: 287).

Organisationelle Innovationsfähigkeit bekommt in postbürokratischen Unternehmen eine neue Qualität. Es geht nicht mehr nur um ein Fortschreiten von einem Organisationstypus zum nächsten, sondern um eine neuartige Gestaltung des Wandlungsprozesses. Nicht der einer höheren inneren und äußeren Komplexität angepaßte Aggregatzustand eines Unternehmens, sondern der innerorganisatorische Prozeß des Wandels selbst steht im Mittelpunkt. (Tacke 1992: 12)[14] Der Grund ist simpel: Die gesteigerte Umweltkomplexität eines Unternehmens muß in einer kapitalistischen Wirtschaft zu einer größeren Innovationsbereitschaft und Wandlungsfähigkeit der Wirtschaftsorganisation führen. Diese gesteigerten Möglichkeiten des Unternehmens werden von der äußeren Umwelt, also zum Beispiel anderen Unternehmen, Umweltschutzinitiativen, politischen Institutionen oder Kunden, als Zunahme der eigenen Umweltkomplexität wahrgenommen. Auf diese Entwicklung können sie nur durch Erhöhung der eigenen Entscheidungsfreiheit, der eigenen Handlungsmöglichkeiten reagieren. Dies wird vom Unternehmen wiederum als Steigerung von Umweltkomplexität wahrgenommen: Was aus der Sicht eines Systems Entscheidungsfreiheit (Kontingenz) ist, bedeutet aus der Sicht der Systeme in seiner Umwelt Entscheidungsungewißheit (Komplexität) (Mingers 1992: 17; Luhmann 1988b: 249f). Die Dynamik kapitalistischer Gesellschaften entsteht durch dieses nicht aufzulösende Ungleichgewicht zwischen Kontingenz und Komplexität. Aufgrund dieser Instabilität kapitalistischer Gesellschaften reicht es für Unternehmen nicht aus, sich zu einem in Managementkochbüchern beschriebenen idealen oder scheinbar idealen Organisationszustand hinzuentwickeln. Vielmehr muß die innere Organisation so gestaltet sein, daß ständige Wandlung möglich ist.

## Teil III

# Wandel über alles – Die neuen revolutionären Unternehmen

Der Paradigmenwechsel

Ich sitze am Straßenrand
Der Fahrer wechselt das Paradigma
Ich bin nicht gern, wo ich herkomme.
Ich bin nicht gern, wo ich hinfahre.
Warum sehe ich den Paradigmenwechsel
Mit Ungeduld?

*Bert Brecht*

Die aktuelle Managementliteratur suggeriert, wie der Bielefelder Systemtheoretiker Dirk Baecker feststellt, daß man auf die alten Formen hierarchischer Unternehmen nicht nur verzichten muß, sondern inzwischen dank überzeugender Alternativen auch verzichten kann (1992a: 48). »Wir sollten Wandel als das einzige Stabile anerkennen.« Mit diesen Worten beschreibt Jürgen Fuchs von der Ploenzke Gruppe die Grundlage für diese Alternativen (Fuchs 1992d: 45). Der Geschäftsführer der von mir untersuchten Bell Group in New Mexico, Hugh Bell, benutzt ganz ähnliche Worte: »Die einzige Sache, die in unserem Unternehmen stabil bleiben wird, ist ständiger Wandel.« (Bell 1990: 4)

Es läge nahe, die Begeisterung postbürokratischer Unternehmen für »Wandel als das einzige Stabile« als Unternehmenspropaganda, Teil einer unerfüllbaren Unternehmensvision oder gar eine neokapitalistische Ideologie abzutun. In jedem noch so innovativen und progressiven Unternehmen finden sich Situationen und Ereignisse, anhand derer sich solche Prämissen kritisch hinterfragen ließen. Aber es ist unbestreitbar, daß das Management, seine Berater und häufig auch die Mitarbeiter und Mitarbeiterinnen an das Postulat totalen Wandels glauben und es auch zu mehr oder weniger einschneidenden Veränderungen in Unternehmen kommt.

Ich nehme in diesem Teil postbürokratische Unternehmen und ihre Managementgurus beim Wort und stelle dar, wie Organisationen, die sich völliger Flexibilität verschreiben, organisiert sein können. Nach dem Aufzeigen der neuartigen Organisationsbeziehungen zur Umwelt (Kapitel III-1) werde ich die auf lose Kopplung ausgerichtete innere Struktur postbürokratischer Unternehmen diskutieren (Kapitel III-2), um dann abschließend die »Organisation von Flexibilität« anhand der Beschreibung von Teamarbeit, Projektorganisation und Netzstrukturen zu konkretisieren (Kapitel III-3). Ich ordne in diesem Teil die Diskussion in Managementkreisen in einen theoretischen Rahmen ein und hoffe, dadurch Zusammenhänge der verschiedenen Aspekte postbürokratischer Organisationsformen deutlich werden zu lassen. Ich benutze dabei als empirisches Material die häufig euphorischen Darstellungen postbürokratischer Organisationen durch Managementberater und Unternehmensleiter. Das Ernstnehmen auch der unglaublichsten Aussagen des Managements und seiner Berater ermöglicht zu begreifen, wie eine »Revolution« der Organisierung kollektiven wirtschaftlichen Handelns in deren Vorstellung aussieht oder aussähe.

Die Revolution – wenn es sie denn gibt – hat eine Geschichte. Es gibt bereits eine nicht unerhebliche empirische Forschung über Organisationen, die unter turbulenten, hochkomplexen Bedingungen arbeiten mußten – sei es nun die Studie von Burns und Stalker (1966) über Elektronikfirmen, die von Lawrence und Lorsch (1967) über ein Unternehmen in der Plastikbranche, die Fallstudien von Chandler und Sayles (1971) über die NASA, von Galbraith (1973) über die Boeing-Flugzeugwerke oder von Mintzberg und McHugh (1985) über das National Film Board of Canada. Teilweise aufgrund dieser empirischen Forschungen, teilweise durch theoretische Akrobatik wurden verschiedene Modelle mit abenteuerlichen Namen entwickelt: Adhocratien (Toffler 1971; Mintzberg 1979, 1988), integrativ-innovative Systeme (Kanter 1983), synthetische Organisation (Thompson 1967), organische Unternehmensform (Burns/Stalker 1966), vorübergehende Gesellschaft (Bennis 1966),

Typ Z (Ouchi 1981), Modell J (Aoki 1991a, 1991b), System 5 (Likert/Araki 1986), fraktale Fabrik (Warnecke 1992) und – als Höhepunkt der Namensgebung – Flex-Firma (Toffler 1990).[1]

Lernen können wir bei der Betrachtung flexibilitätsorientierter Organisationsformen auch von »revolutionären Elementen«, die in traditionellen Unternehmen vorhanden sind. Abteilungen, die in bürokratisch-hierarchischen Unternehmen für die Produktion von Flexibilität zuständig waren (vgl. Thompson 1967: 11), weisen vergleichbare Strukturierungen auf wie postbürokratische Unternehmen. Ferner sind besonders Unternehmen in hochinnovativen Branchen (Maschinenbau oder Software) zunehmend gezwungen, zu neuen Formen der Organisierung kollektiven wirtschaftlichen Handelns überzugehen. Deshalb werden wir in den folgenden Kapiteln häufig den Zauberwörtern der modernen Managementliteratur begegnen: Just-in-time-Fertigung, Lean-Fertigung, Unternehmenskultur, postmoderne Fabrik, Enthierarchisierung, Jobenrichment und Job-enlargement, Teamarbeit und teilautonome Fertigungsgruppen. Auch finden sich an verschiedener Stelle Verweise auf andere als die vier untersuchten Unternehmen. Postbürokratische Unternehmen sind nur die Spitze eines Eisberges von Veränderungen in der Wirtschaft. Sie sind nicht die einzigen, die sich wandeln. Sie sind bloß in ihrem Neuordnungsprozeß schon wesentlich weiter als traditionelle Unternehmen, wie Renault, Ford, Daimler-Benz, Lufthansa, Alcatel oder Siemens, die sich mehr (Alcatel) oder minder (Daimler) erfolgreich um Veränderungen bemühen.

## 1. Neuartige Umwelt-Organisations-Beziehungen

»Unser Traum für die neunziger Jahre ist ein grenzenloses Unternehmen, (...) in dem wir die Mauern niederreißen, die uns intern voneinander und extern von unseren wichtigsten Bezugsgruppen trennen« (Übers. in Hirschhorn/Gilmore 1993: 29). Mit diesen Worten umschreibt der Chef von General Electric, Jack Welch, die Zielrichtung seines Unternehmens für die neunziger Jahre. Seine

Äußerung zeigt die Stoßrichtung postbürokratischer Unternehmen: Es geht um Grenzenlosigkeit nach innen und nach außen. Genauso wie die organisationsinternen Grenzen, Schranken und Blockaden abgebaut werden sollen, wollen postbürokratische Unternehmen die Grenzen zwischen sich und externen Bezugsgruppen (Kunden, Zulieferern, Konkurrenten, Interessengruppen) reduzieren.

In dem Moment, wo die Umwelt einer Organisation sich ständig wandelt, verlieren eingespielte, ritualisierte Organisations-Umwelt-Beziehungen an Bedeutung und können sogar für die Organisation gefährlich werden: Die Sicherheit von Mercedes-Benz, daß Kunden ihren »abgerüsteten Schützenpanzer« (ein Abgeordneter der Grünen über die S-Klasse) schon allein aufgrund des charakteristischen Sterns auf der Kühlerhaube kaufen werden, ist dann verheerend, wenn sowohl die Produktdiversifikation als auch die Produktentwicklung einer großen Dynamik ausgesetzt sind. In tayloristisch-fordistischen Organisationen wurde das Problem der Umwelt- (bzw. Markt)veränderungen an »Umweltexperten« überwiesen. Die Einkaufs- und Verkaufsabteilungen und das Marketing stellten die Relais zwischen Organisation und Umwelt dar. Ihre Aufgabe war es, die Unsicherheiten der Umwelt abzufedern und, wenn nicht vermeidbar, über den Umweg von Managemententscheidungen vorsichtig durch organisationelle Veränderungen abzufangen. Es herrschte der – manchmal Wirklichkeit werdende – Traum, daß die Umwelt durch die Penetration mit standardisierten Massenprodukten beherrschbar sei. Unter solchen Bedingungen war es möglich, die Relais durch Entscheidungsvorgaben und Fixierung von Kommunikationswegen fest an das Unternehmen zu binden.

Je unsicherer jedoch die Umwelt bzw. die Marktsituation wurde, desto notwendiger wurde es, den Relais größere Autonomie in der Handhabung der Umweltbeziehungen zuzugestehen. In extremen Fällen wurden sogar Bereiche, die bisher penibel von der Umwelt abgeschottet worden waren, zur Aufnahme von Umweltbeziehungen aufgefordert: Der Fließbandarbeiter eines sehr großen amerikanischen Automobilkonstrukteurs, der persönlich zu einem Autokäufer fuhr, um einen durch ihn in der Produktion verursachten Fehler zu reparieren, wurde in den US-Medien groß gefeiert. Daß auf dem Höhepunkt der Werftenkrise 1976 die Produktionsmitarbeiter der Endenburg Elektrotechniek selbst zu Kunden gingen, um Aufträge zu akquirieren, wäre in vielen traditionellen Unternehmen als unverzeihliche Tabuverletzung sanktioniert worden.

Im sogenannten Lean Management (schlanken oder mageren Management) wird gerade die Intensivierung der Beziehungen zwischen Produktion und Zulieferern zu einem der zentralen Dogmen erhoben. Eine Verschachtelung von Endmontage und Zulieferern zu einer integrierten Organisationsgruppe soll einen regen Austausch zwischen qualifizierten Arbeitnehmern ermöglichen. Das wiederum soll eine dezentralisierte und aufeinander abgestimmte Mängelbeseitigung und intensive Schulung an neuen Maschinen gewährleisten.

### *Der Mythos vom Unterschied zwischen Markt und Unternehmen*

Um die neue Dimension der Umwelt-Organisations-Beziehungen zu begreifen, ist es notwendig, den »Mythos« von Markt und Organisation als etwas grundsätzlich Verschiedenes zu zerstören. Sowohl die betriebswirtschaftliche Transaktionskostentheorie (vgl. Williamson 1975, 1980,1990a, 1990b; Picot 1982, 1989) als auch die handlungstheoretisch orientierte Organisationssoziologie (Friedberg 1992) hinterfragen die künstlich aufgebaute Dichotomie zwischen Markt und Organisation. Dabei werden beide in ihrer idealtypischen Ausformung als die zwei Extrempunkte eines Kontinuums institutioneller Koordinationsmöglichkeiten betrachtet (Picot 1982: 273; kritisch dazu: Teubner 1992: 195). Auf der einen Seite steht die vollständige externe marktwirtschaftliche Organisation, bei der jeder Marktteilnehmer Eigentümer der Produktionsmittel ist, somit keiner Überwachung und Anweisung Dritter ausgesetzt und damit für den Erfolg und Mißerfolg völlig selbst verantwortlich ist. Die »unsichtbare Hand« des Marktes gewährleistet die Abstimmung individueller Bedürfnisse und Interessen mit den Bestandserfordernissen der Gesellschaft (Smith 1937).[2] Als

Idealmodell entspricht dieser Richtung die Institution des kurzfristigen Kauf- und Werkvertragsrechtes (Picot 1982: 273). Diese vollkommen marktlich vermittelten Vertragsbeziehungen weisen eine hohe Flexibilität und eine niedrige Stabilität auf. Sie sind, wie der Bremer Jurist und Systemtheoretiker Gunther Teubner (1992: 197) aufzeigt, extrem flexibel, veränderbar und innovativ, besitzen aber nur eine geringe Langfristorientierung und verfügen über wenig Durchhaltevermögen und Kohärenz. Das andere Extrem ist die vollkommene Hierarchie, in der die Fähigkeiten der beteiligten Organisationsmitglieder miteinander verschmolzen sind. Die Beteiligten unterliegen detaillierten Anweisungen und Überwachungen. Erfolge sind nicht mehr individuell zurechenbar. Der amerikanische Wirtschaftshistoriker Alfred D. Chandler (1977) spricht davon, daß hierarchische Organisationsformen Marktmechanismen in der Koordinierung wirtschaftlichen Handelns und in der Verteilung von Ressourcen ablösen: Adam Smiths »unsichtbare Hand« des Marktes wird ersetzt durch die »sichtbare Hand« hierarchischer Organisation. Der Extremtyp ist die zentralistische Bürokratie mit ihrem extremen Mangel an Varietätsfähigkeit (vgl. Teubner 1992: 197).

Es wäre nun falsch anzunehmen, daß kollektives Handeln nur nach dem einen oder anderen Modus organisiert ist. Es gibt nicht die Regulation nur durch die »sichtbare« oder »unsichtbare Hand«. In der Regel finden wir institutionalisierte Mischformen zwischen Markt und Organisation. Selbst im gescheiterten real existierenden Sozialismus, dem Idealtypus einer hierarchisch organisierten Regulierung, konnte man implizit, manchmal auch explizit, Koordinierungen über Marktmechanismen finden. Und selbst in der ebenfalls kläglich gescheiterten Marktwirtschaft reaganistischer oder thatcheristischer Prägung, dem Idealtypus der Marktregulierung (fälschlicherweise häufig Entregulierung genannt), konnte man erhebliche Koordinierung durch Hierarchien finden. Unter dem Deckmantel der reinen Marktwirtschaft bildeten sich Großunternehmen, deren interne und häufig auch externe Regulierungsmechanismen hierarchisch waren. Die »sichtbare« reicht häufig der »unsichtbaren« die Hand, um gemeinsam wirtschaftliches Handeln zu strukturieren. Die beiden Organisationsmodi können so ineinander verschwimmen, daß die Wirtschaftstheoretiker Harrison White and Robert Eccles gar von Markt und Firma als einem »sozialen Mythos« sprechen (1986: 136).

Welche Mischform sich durchsetzen kann, ist von jeweils historisch verschiedenen Umweltbedingungen abhängig. In dem relativ stabilen Kontext von Unternehmen in der Hochzeit der industrialisierten, standardisierten Massenproduktion bildeten sich vorrangig institutionalisierte Koordinierungsmechanismen aus, die sehr stark entweder zu einer marktmäßigen oder hierarchischen Strukturierung tendierten. In einer turbulenten, instabilen Umwelt läßt sich kollektives Handeln weder über das reine Preisprinzip noch über eine zentralistische Unternehmensform organisieren. In dieser Situation tendieren postbürokratische Unternehmensformen dazu, ihre Marktbeziehungen stärker durch organisationsspezifische Koordinationsmechanismen zu strukturieren und ihre Organisationsstruktur mit Marktmechanismen zu durchziehen. Das Motto heißt Networking (vgl. Thorelli 1986; Bush/Frohman 1991; Charan 1991; Bli 1992). Firmen agieren in einer komplexen Umwelt, in der keine Firma mehr verstanden werden kann ohne Kenntnis ihrer Beziehungen zu anderen Unternehmen. Konkurrieren heißt eher, die eigene Firma in einem Netzwerk zu positionieren, als durch aggressive Strategien Märkte zu penetrieren. Der Aufbau und die Pflege von interorganisationellen Beziehungen werden zu einer der wichtigsten Aufgaben des Managements (vgl. Jarillo 1988; Heydebrand 1989: 346).

### *Profitcenter und Marktnetzwerke*

Die Tendenz der Ablösung strikter Regulierung in der Form von Organisation oder Markt durch neuartige intraorganisationelle Beziehungsmuster zeigt sich vor allem in zwei neuartigen Institutionsformen: der des Marktnetzwerkes und der des Profitcenters. Sie sind, wie der New Yorker Soziologe Wolf Heydebrand (1989: 346) hervorhebt, Ausdruck einer »organischen«, »flexibel reagierenden« und »reflexiven« Strategie von Organisationen gegenüber ihrer turbulenten, externen Umwelt.

Profitcenter sind relativ autonome Abteilungen eines Unternehmens. Aktivitäten, Verantwortung und Kompetenzen, so Jürgen Fuchs von der Ploenzke AG, müßten in selbstverantwortlichen Leistungszentren zusammengeführt werden. Leistungszentren könnten beispielsweise die Vormontage, Lackiererei, Fertigungsinseln, Geschäftsstellen, Niederlassungen, aber auch die Datenverarbeitung, die Buchhaltung und der Personalbereich sein. Fuchs betont, daß man bei dem Zuschnitt dieser Leistungs- oder Profitcenter darauf achtet, daß diese ein klares Profil innerhalb der »Dorfgemeinschaft« eines Unternehmens haben. Sie sollten ein klares Leistungsangebot vertreten und verantworten. Aus den unterschiedlichen Leistungszentren entsteht dann ein Verbundsystem, das die herkömmliche funktional zergliederte Organisation ablöst (Fuchs 1993e: 28).

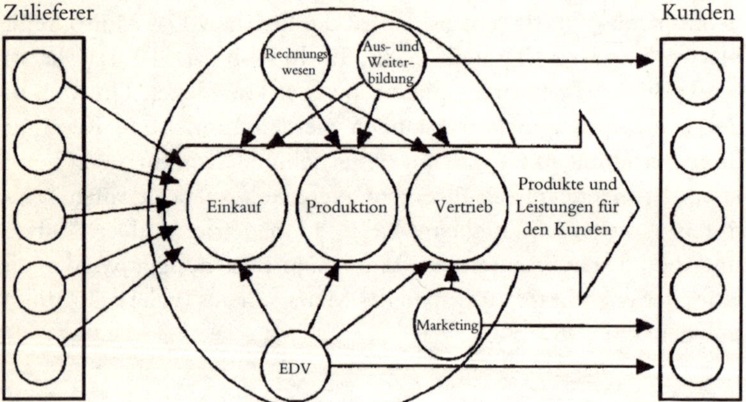


*Abbildung 3:* Das Unternehmen als Verbund von Leistungszentren für externe und interne Kunden (Fuchs 1993: 28)

Die Entwicklung hin zu Profit- und Leistungscentern hängt unmittelbar mit der explosionsartig zunehmenden Produktdiversifikation zusammen. Ein Unternehmen, das einem homogenen, einheitlichen Markt begegnet, kann schwerlich autonome Abteilungen ausbilden (vgl. Mintzberg 1979: 393). Bei einer heterogenen Marktsituation dagegen ermöglichen Profitcenter die zentrale

Festlegung eines lediglich grob definierten Produktspektrums bei gleichzeitiger Einrichtung marktnah angesiedelter Einheiten. So kann man einerseits das Risiko eines Versagens am Markt reduzieren – das scheiternde Profitcenter wird einfach abgestoßen – und andererseits dezentral und flexibel auf Marktveränderungen reagieren. Teubner, der die Zusammenbindung von Profitcentern als Organisationsnetzwerke bezeichnet, sieht drei grundlegende Strategien, die Unternehmen benutzen, um organisationsintern Flexibilität zu steigern (1992: 201): Erstens ersetzt eine indirekte Kontextsteuerung autonomer Subeinheiten Formen direkter hierarchischer Regulierung. Über eine abstrakt formulierte Konzernpolitik, indirekte Profitsteuerung und Management-Personalpolitik werden nur noch grobe Rahmenrichtlinien festgelegt. Zweitens lösen organisationsinterne Märkte komplexe Hierarchieketten ab, indem in der Beziehung zwischen Konzernspitze und Profitcenter eine Art Kapitalmarkt simuliert wird. Dadurch entstehen unternehmensinterne Arbeits-, Manager-, Ressourcen- und Produktmärkte. Drittens gibt man die Ausdifferenzierung des Gesamtunternehmens in einzelne funktionale Abteilungen auf zugunsten einer segmentären, produktorientierten Differenzierung.

Implizit – oder, wie zum Beispiel im Falle des holländischen Unternehmens, explizit (vgl. Zeleny 1989: 246) – stellen sich alle von mir untersuchten Unternehmen die Frage, wie man sich in der Organisation interner Prozesse die Erfahrungen einer marktwirtschaftlichen Organisation kollektiven Handelns zunutze machen kann. Im Fall der Ploenzke Aktiengesellschaft finden wir eine Aufteilung in vier relativ selbständige Einheiten, die Ploenzke Informatik, die Ploenzke Consult, die Ploenzke Akademie und die Ploenzke Systeme. Diese Einheiten werden zwar noch durch eine gemeinsame Konzernpolitik zusammengehalten, haben aber in ihrem Handeln weitgehende Autonomie. Bei der Bell Group, dem amerikanischen Versandunternehmen, wird deutlich, daß die Aufteilung in Profitcenter nicht allein aufgrund der besseren Anpassung an verschiedene Produktmärkte entsteht. Die Produkte der fünf Profitcenter sind relativ ähnlich und werden, was wichtiger ist, sehr ähnlich angeboten und vertrieben. Dies zeigt sich unter anderem darin, daß die Zentrale die Funktionen Marketing, Buchhaltung, Rechenzentrum und Training gewährleistet (Bell Group 1992). Die Aufteilung in fünf Profitcenter, zuständig für den Vertrieb von Steinen/Edelmetallen, Werkzeugen/Materialien, Verpackungen/Schaufensterdekorationen und technischen Spezialgeräten, dient überwiegend der Schaffung von größerer Übersichtlichkeit und Verantwortlichkeit in den einzelnen Einheiten und dem Zweck, Marktmechanismen zur organisationsinternen Koordination benutzen zu können. Selbst das kleinste untersuchte Unternehmen, die Beratungsfirma Metaplan, macht sich marktwirtschaftliche Mechanismen in der internen Organisation zunutze. Agora, eine Tochtergesellschaft, unterstützt das Beratungs- und Trainingsinstitut mit der gesamten Infrastruktur, von der Herrichtung der Räumlichkeiten bis zur Umsorgung der Teilnehmer. Die Ausgliederung der Arbeitsaufgaben, die nicht zum eigentlichen Wertschöpfungsprozeß (Beratung, qualitative Marktforschung und Training) gehören, dient neben dem Einbau interner marktwirtschaftlicher Koordinierungselemente dem Ziel, Infrastrukturleistungen auch auf einem externen Markt anbieten zu können. Agora ist dabei schon wesentlich selbständiger als zum Beispiel die Profitcenter der Bell Group und der Ploenzke Gruppe. Als räumlich klar getrennte, eigenständige Gesellschaft mit beschränkter Haftung ist die Tochtergesellschaft eher eine Schwestergesellschaft. Hier zeichnet sich eine auch von dem amerikanischen Zukunftsforscher Alvin Toffler (1990: 203) beobachtete Entwicklung ab: Die Zusammenbindung von Profitcentern ist lediglich ein erster Schritt zur Auflösung von Unternehmen in ein Netzwerk von vielen unabhängigen Auftragnehmern (Contractor) und freien Unternehmern.

Während die Einrichtung von Profitcentern eine Strategie zur Steigerung organisationsinterner Flexibilität ist, sind Netzwerke ein unternehmerischer Versuch, eine unsichere Umwelt zu organisieren und fester zu strukturieren. Anders ausgedrückt geht es dabei um den Einbau von stabilitätssteigernden Organisationselementen in turbulente und instabile Umweltbeziehungen (vgl. Teubner 1992: 202).

Der von schwedischen Wirtschaftswissenschaftlern entwickelte

Netzwerkansatz geht davon aus, daß Netzwerke ihre Stärke dann entwickeln, wenn hohe Ressourceneinsätze und Risiken normale vertragliche Marktbeziehungen außer Kraft setzen würden (Johannisson 1987; Johanson/Mattsson 1987; vgl. Grabher 1988 und Asdonk/Bredeweg/Kowol 1990). So würde sich die (ehemals vorhandene) Bereitschaft deutscher Unternehmen, eine eigene Chipproduktion aufzunehmen, nicht allein durch Marktmechanismen ausbilden. Es bedarf vielmehr einer netzwerkartigen Organisation verschiedener kollektiver Akteure. Insofern sind Netzwerke unter instabilen Umweltbedingungen sowohl marktmäßig organisierten zwischenunternehmerischen Beziehungen überlegen als auch rein hierarchischen Formen der Koordination (vgl. Grabher 1988: 6).

Rationalisierungsbemühungen von Unternehmen zielen zunehmend auf die zwischenbetriebliche Ebene. Der Einsatz neuer Informations- und Kommunikationstechnologien ermöglicht es, die zwischenbetriebliche Arbeitsteilung neu zu organisieren und besser aufeinander abzustimmen. Es wird möglich, betriebsexterne Prozesse mit Hilfe von Informationstechnik unmittelbar technisch-organisatorisch mit innerbetrieblichen Arbeitsabläufen zu verknüpfen (Sauer 1988: 343; vgl. Baethge/Oberbeck 1986).

Marktnetzwerke verändern ihren Charakter: Ursprünglich wurden sie als Mittel zur Erleichterung des Zugangs zu neuen Märkten eingesetzt oder bestanden aus hierarchisch organisierten Großunternehmen-Zuliefer-Beziehungen (z.B. Just-in-time-Produktion in der Automobilindustrie). Zunehmend jedoch beziehen sich diese Kooperationsformen auf mehrere Abschnitte der Wertschöpfungskette, wie z. B. Produktion, Beschaffung sowie Forschung und Entwicklung (vgl. Bachmann/Möll 1992: 245).

## 2. Das Eingeweide postbürokratischer Unternehmen

Postbürokratische Unternehmen benutzen in der Darstellung ihrer organisationsinternen Prozesse Metaphern aus den verschiedensten Bereichen: Biologie, Chaosforschung, Zoologie, Musikwissenschaft. Eine ganz besonders beliebte Analogie ist die Jazzband. Bei Ploenzke heißt es in den Führungsgrundsätzen unter dem Schlagwort »Individualität integrieren«: »Bei der Jazzmusik kommt es auf die Integration kreativer Umsetzungen an. Jeder Musiker ist ein Solist, der das Musikstück mit seiner Individualität interpretiert. Die Harmonie der Band basiert auf der Fähigkeit des Musikers, seine Emotionen im richtigen Moment einzusetzen und das Thema neutral an die übrigen Mitglieder weiterzugeben. Individualität und Integrationsfähigkeit lassen die verschiedenartigen Ausdrucksweisen zu einem homogenen Ganzen verschmelzen und eröffnen damit neue Betrachtungsweisen.« (Ploenzke Gruppe o. J.) Noch klarer wird Henning Leue von der Firma Metaplan. Er unterscheidet Jazzbands von den traditionellen Konzertorchestern, indem er Äußerungen des ersten Chefdirigenten der Berliner Philharmoniker mit denen Frederick W. Taylors vergleicht: Die Aussage des ehemaligen Leiters der Philharmoniker, Hans von Bülow, daß es keine guten oder schlechten Orchester, sondern nur gute oder schlechte Dirigenten gebe, entspringe dem gleichen Denken wie die seines Zeitgenossen Taylor. Dieser hatte gefordert, daß die »Tätigkeit jedes Arbeiters vom Management vollständig durchgeplant« werden solle (Leue 1989: 4). Demgegenüber seien Jazzbands Musterbeispiele für innovationsorientierte Kooperation: »Jeder nimmt teil, alle treten wechselseitig in den Vordergrund. Natürlich gibt es die Stars – sie verändern die Gewichtung. Aber auch sie sind ohne die anderen nichts, und sie wissen es. Alles ist wichtig. Es gibt keine Funktion, auf die man verzichten könnte. Auch die kleinen Beiträge werden richtig gewürdigt.« Die Regulierung kollektiven Handelns ist freier als im Berliner Orchester Anfang des zwanzigsten Jahrhunderts oder einem tayloristischen Unternehmen: »Es besteht kein Zweifel darüber, welche Musik gespielt wird. Auch wenn nur wenige Details schriftlich festgelegt sind – in der Auswahl der Personen, in der auswählenden Person, in den Stücken und in der gemeinsamen Stilrichtung zeigt sich deutlich, an welchen Leitlinien sich die Mitglieder der Band orientieren. Das vorgegebene Arrangement läßt Freiräume für den einzelnen. Er gestaltet seinen Freiraum, improvisiert, greift dabei auf bekannte Bausteine zurück, ordnet sie neu, erfindet welche hinzu.« (Leue 1989: 3) Das, was die Jazzband von einem traditionellen Orchester zu unterscheiden scheint, sind die Freiräume, Bausteine so zu ordnen, daß sie nicht gleich ein Gerüst ergeben, das nicht mehr umzustoßen ist.

### *Die Labilität von Strukturen: Entdifferenzierung, Enthierarchisierung und Dezentralisierung*

Sowohl die Anforderung, ständig neuartige Entscheidungen zu fällen, als auch die Notwendigkeit eines freien Informationsflusses, der die Basis für eine rationale und rationelle Entscheidungsfindung bildet, verlangen eine »lose Kopplung« (Weick 1985: 163ff): Rationalität und Unbestimmtheit sollen gleichzeitig möglich sein. Das Konzept der losen Kopplung beinhaltet noch das Element der Kontrollierbarkeit, aber eben einer mit vielen Freiräumen. Der Clou ist, wie Dirk Baecker hervorhebt, daß Kopplung und Lockerung nicht auf verschiedene Abteilungen der Organisation verteilt werden. Die Organisation besteht nicht wie im Taylorismus aus einer fest gekoppelten Produktion und einem für die nötigen »Lockerungsübungen« zuständigen Management. Vielmehr soll das Prinzip der losen Kopplung auf allen Ebenen herrschen (Baecker 1992a: 50; vgl. Weick/Orton 1990). Lose gekoppelte Organisationen streben, systemtheoretisch gesprochen, eine hohe Labilität ihrer Strukturen an: Der erste Gebrauch einer Entscheidung darf nicht zu einer Dauerregelung für ähnliche Fälle führen (Luhmann 1988a: 173).

Die Strategie postbürokratischer Unternehmen zielt auf zweierlei: den Abbau starrer, verholzter Strukturierungen und den Aufbau eines umfangreichen Netzes lose gekoppelter Strukturen. Dieser Umbau von Strukturen läßt sich anhand dreier großer Linien in den Unternehmensstrategien festmachen: der Auflösung funktionaler Differenzierungen, der Enthierarchisierung und der Dezentralisierung. Diese Begriffe gehen in ihrer Sprachverwendung noch von der Perspektive des Abbaus ehemals bürokratischer Strukturen aus. Sie lassen sich aber auch positiv, zielorientiert bestimmen: Es geht um Integration verschiedener Aufgabenbereiche, Demokratisierung (oder, in der Terminologie des holländischen

Elektronikunternehmens, »Soziokratisierung«) und basisnah angesiedelte Verantwortlichkeiten.

Schauen wir uns diese drei Grundlinien der Entstrukturierung (und anschließenden Restrukturierung) genauer an: In allen untersuchten Unternehmen läßt sich eine radikale Abwendung von Differenzierungen in Abteilungen feststellen. Diese Abteilungen waren, wie der Ploenzke-Manager Fuchs feststellt, zwar »zu-ständig«, aber damit auch »ständig zu« (1992d: 20). Starke Arbeitsteilung und enges Spezialistentum führen, so Jürgen Fuchs und der ehemalige Betriebsratsvorsitzende von Ploenzke, Karl Besier, »zu Starrheit, zu Verengung des Gesichtskreises und zu mangelnder fachlicher und persönlicher Flexibilität«. Auf der Ebene der Mitarbeiter führe dies zu »Karriereknick, Beförderung zur Inkompetenz und Midlife-crisis« (Besier/Fuchs 1991: 8). Auf der Ebene der Gesamtorganisation komme es zu einer Kommunikation per »Mauerwurf«, wie es Fuchs in Anknüpfung an Erfahrungen bei Ford scherzhaft nennt: »Die Designabteilung formte ein neues Auto und warf es der Konstruktionsabteilung über die Mauer. Diese konstruierte alle Details und warf das fertige Ergebnis der Produktion über die Mauer. Das Werk veränderte die Pläne so, daß das Auto mit vertretbarem Aufwand gebaut werden konnte, und warf die fertigen Produkte dem Vertrieb über die Mauer. So war es nicht verwunderlich, daß der Vertrieb seine Autos dem Kunden auch nur über die Mauer warf.« (Fuchs 1992d: 20)

In postbürokratischen Unternehmen werden ehemals ausspezialisierte Funktionen in die Fertigung zurückgeführt (vgl. auch Crozier 1985; Friedberg 1986). Die Abgrenzungen zwischen Forschung, Arbeitsvorbereitung, Produktion und Marketing erodieren ebenso wie das aus ihrer Trennung entstehende zeitliche Nebeneinander der Arbeitsprozesse. Produktionsbereich und Verwaltung verschmelzen ineinander. Dadurch erhoffen sich die Unternehmen eine reibungslose Überwindung von Schnittstellen unterschiedlicher Bereiche des Arbeitsprozesses. Die ehemals funktional zergliederten Arbeitsprozesse werden jetzt um Produkte oder besser Prozesse herum angesiedelt. Dabei werden Mitarbeiter ehemals verschiedener Unternehmensbereiche, wie Ein- und Verkauf, Marketing,

Forschung und Entwicklung, Finanzen und Produktion, um eine Aufgabe zusammengezogen – z. B. um die Erfüllung eines Kundenauftrages oder die Entwicklung eines neuen Produkts.

Die Auflösung horizontaler Differenzierungen in verschiedene Abteilungen ist verbunden mit der zweiten grundlegenden Entwicklung: der Enthierarchisierung als radikalem Abbau vertikaler Differenzierung. Hierarchie wird häufig zu flink mit der Ausübbarkeit von Macht gleichgesetzt. Dabei verkennt man, daß die Hierarchie eine wichtige Voraussetzung für die Industrialisierung darstellte (Chandler 1977 und 1990; vgl. Baecker 1992a: 16f): die Entlastung der Produktionsarbeiter, der Angestellten und des Managements von der Notwendigkeit, ihre Beziehungen ständig neu auszuhandeln.

Hierarchie ist eine Rangdifferenzierung, die auf unterstellten Drohpotentialen basiert. Sie geht gewöhnlich mit einer Aufgabendifferenzierung einher. Die Kommunikationsstruktur in Hierarchien ist asymmetrisch, weil Informationen lediglich in der Form der Anweisung von oben nach unten gegeben werden. Hierarchische Strukturierungen laufen auf eine straffe Organisationsform hinaus, die der Eigensicherung gegen mögliche Infragestellungen dient. Sie bilden eine Eigenideologie aus, die der einzelne verinnerlicht. Er bindet sich dadurch an die Hierarchie (vgl. Ortmann et al. 1991: 35f). Hierarchie ist in bürokratisch-zentralistischen Organisationen funktional. Sie gewährleistet eine Verholzung von Macht, erspart dadurch ihre andauernde Messung und erlöst so von ständigen Kämpfen zur Klärung unklarer Verhältnisse (vgl. Luhmann 1975a: 52; Bosetzky 1978).

Die Verholzung von Macht in Hierarchien ist bei unruhigen, instabilen Umwelten jedoch extrem kontraproduktiv, weil durch Eingießung von Macht in starre Formen Entscheidungsprogramme und Kommunikationswege festgezurrt werden. In den von mir untersuchten Unternehmen ist die Antwort auf diese Gefahr eine drastische Reduzierung hierarchischer Stufen und ein konsequenter Ausbau der Durchlässigkeit zwischen den verbleibenden Ebenen. Aus der Sicht von Unternehmensberatern und postbürokratischen Unternehmen wird Hierarchie immer mehr zum

Schimpfwort. Bei der Bell Group sind die Hierarchiestufen auf drei reduziert worden: die Geschäftsführung, die Gruppenkoordinatoren und die »Associates«. Diese drei Stufen sind formal »unabhängig« (Griego/Board 1992: 3), sollen jedoch ständig miteinander kommunizieren. Bei Endenburg gehören lineare »Herr-Knecht-Beziehungen« der Vergangenheit an. »Steuern«, »Ausführen« und »Kontrollieren« werden durch »dynamische Regelkreisprozesse« zyklisch miteinander verbunden (Donnenberg 1989: 3).

Die Aufhebung vertikaler und horizontaler Differenzierung führt zu einer konsequenten Dezentralisierung. Informationsverarbeitung und Informationsproduktion, Autorität, Kontrolle und strategische Planung müssen so nah wie möglich am Kunden angesiedelt werden. Die Quelle der Wertschöpfung wird von der eigentlichen Produktion zum Kunden verlagert. »Der größte Teil der Wertschöpfung«, so Fuchs, »entsteht nicht mehr in der Fabrik, sondern beim Kunden als Dienstleistung, die der Mitarbeiter für den Kunden erbringt, in der Kommunikation zwischen Mitarbeiter und Kunden.«[3] Nur durch Nähe zum Markt, zu technischen Entwicklungen und zu Veränderungen in der Gesellschaft kann – so die Ideologie der ehemals bürokratischen und jetzt postbürokratischen Unternehmensberater – ein Unternehmen der neuen Maxime der Schnelligkeit gerecht werden (Drucker 1992: 98). Nur durch einen hohen Grad an »dezentralisierter Kompetenz können unternehmerisches Engagement, Innovationskraft und strukturelle Anpassungsfähigkeit« gewonnen werden (Bleicher 1992a: 174f; vgl. Bleicher 1992b).

Dezentralisierung basiert dabei in letzter Konsequenz auf der Zuweisung von Autonomie und Selbstverantwortlichkeit. Diese Autonomie kann – und das vergißt die Crème de la Crème der Managementberater leider zu gerne – per Definition nicht mehr zentral gesteuert werden. Artikulationen der Unternehmensleitung werden von wirklich autonomen Einheiten nur noch als Rauschen wahrgenommen, auf das sie nicht reagieren müssen. Die Geschäftsleitung und andere autonome Einheiten werden zum Teil der Umwelt und unterscheiden sich in der Wahrnehmung der autonomen Gruppe im Prinzip nicht mehr von Kunden, Konkurrenten und staatlichen Institutionen. Dadurch erhält organisationsinterne Kommunikation zwischen autonomen Einheiten – soweit man bei der Kooperation zwischen autonomen Einheiten überhaupt noch von organisationsinterner Kommunikation reden kann – einen völlig neuartigen Charakter.

### *Mehr an Strukturen und Kommunikationen*

Paradoxerweise führen eine Auflösung fester Kommunikationswege und eine Entstrukturierung fest gekoppelter Strukturen zu einer Zunahme von Kommunikationen und Strukturen: Der Trainee, der in dem deutschen Softwarehaus »auf die Reise« durch die verschiedensten Bereiche des Betriebes geschickt wird, bildet ein Mehr an Strukturen in Form von informellen Kontakten und Erfahrungen aus; anders als wenn er in einer bürokratischen Abteilung in die – zugegebenermaßen – klaren und übersichtlichen Organisationsstrukturen eingebunden werden würde.

In der bürokratisch-zentralistischen Unternehmung wurden die Mitarbeiter durch feste Kopplungen der Organisationsabläufe von eigenen Strukturierungs- oder komplexen Kommunikationsleistungen »entlastet«. Ihre Tätigkeit konnte auf materielle Arbeiten begrenzt werden: die Zusammensetzung (oder Zerlegung) von Gegenständen, den Transport von Objekten, das Ausfüllen von Papieren. Die planende, strukturierende, koordinierende, kommunizierende und kontrollierende Arbeit wurde von der objektorientierten Arbeit abgespalten. Aufgrund dieser Spaltung konnte die Kommunikation des Unternehmens mit den Arbeitern auf die Beschreibung der erwarteten Arbeitsverrichtungen einerseits und die Aushändigung der Lohntüte andererseits reduziert werden.[4] Dies ist ein stark formalisierter Kommunikationsvorgang. In letzter Konsequenz bestand die Unternehmens-Arbeiter-Kommunikation nur noch aus der Bezahlung (Aufforderung zur Weiterarbeit) oder Einstellung der Bezahlung (Entlassung). Im stillen Kämmerlein hoffte das klassisch tayloristische Unternehmen, daß neben dieser Unternehmens-Arbeiter-Kommunikation keinerlei weitere intraorganisationelle Kommunikation und keine weiteren organisationellen Strukturierungsleistungen vonnöten sein würden. Unter Bedingungen völliger Stabilität und der Akzeptanz dieser durch die Mitarbeiter könnte der Anteil der materiellen Arbeit auf 100 % gesteigert werden.

Der kanadische Organisationstheoretiker Henry Mintzberg macht vier Variablen fest, anhand derer man den Charakter von Arbeit bestimmen kann (1979: 222f). Die »Verständlichkeit von Arbeit« betrifft die Leichtigkeit, mit der ein Arbeitsvorgang zu verstehen ist. Die »Voraussagbarkeit von Arbeit« bezieht sich auf das in der Organisation bereits vorhandene Wissen, das notwendig ist, um einen Arbeitsprozeß durchzuführen. Die »Verschiedenheit der Arbeit« beschreibt die Vielfalt der in einer Organisation vorhandenen Arbeit. Die »Geschwindigkeit der Arbeit« schließlich bestimmt die Schnelligkeit, mit der die Organisation auf Umweltanforderungen reagieren muß. In einer rein stabilitätsorientierten Organisation ist die Arbeit vollkommen verständlich und voraussagbar. Sie könnte für Monate, ja Jahre im voraus geplant werden. Die Arbeit ist zwar durch den hohen Grad der Zergliederung für die Organisation komplex, für den Fließbandarbeiter gibt es jedoch nur einen oder zwei Handgriffe zu verrichten. Die Arbeit des einzelnen ist damit völlig gleich. Da diese Art der Organisation von einer weitgehenden Stabilität der Umwelt ausgeht, sind langsame Reaktionen auf eventuelle Veränderungen ausreichend.

In postbürokratischen Organisationsformen gehören die ständige Neustrukturierung von Organisationsabläufen und die Kommunikation über die Organisierung kollektiven Handelns immer mehr zur Hauptaufgabe der Mitarbeiter und Mitarbeiterinnen. Schon heute sind in vielen Industrieunternehmen nur noch 10 bis 15 % der Beschäftigten mit Arbeiten in der unmittelbaren Produktion materieller Güter befaßt (Hack 1988). Der größte Teil der Mitarbeiter ist mit Forschung und Entwicklung, Kontrolltätigkeiten, Wartung und Einstellung von Maschinen und Ingenieurtätigkeiten beschäftigt. Zugleich steigt die Zahl der Angestellten in vielen Industrieunternehmen auf 65 % und mehr. In einigen Hochtechnologieunternehmen ist die Zahl der Hochschul- und Fachhochschulabsolventen schon höher als die Zahl der Facharbeiter (Hack 1988: 25; vgl. Bachmann/Möll 1992: 243). Es zeichnet sich ein neues kommunikationsorientiertes Arbeitsverständnis ab.[5]

Die in der Managementliteratur so beliebte Feststellung, wonach »ein erfolgreiches Unternehmen drei Dinge braucht: Kommunikation, Kommunikation und Kommunikation«, ist banal und dazu auch ungenau: Kommunikation ist die Grundlage jedes kollektiven Handelns, unabhängig davon, ob es sich um ein tayloristisches oder postbürokratisches Unternehmen handelt. Der entscheidende Punkt ist, wie stark formalisiert Kommunikation ist. Wenn Kommunikation nicht mehr formalisiert ist, muß automatisch in Organisationen mehr Zeit für diese Kommunikation aufgewendet werden. Damit bleibt weniger Zeit für materielle Arbeit. Es droht eine Abnahme der Produktivität durch Zunahme von Kommunikation, wenn die durch Kommunikation entstehenden Rationalisierungseffekte nicht den Zeitverlust für materielle Arbeit ausgleichen würden.

Unter dem Begriff der systemischen Rationalisierung deutet sich ein Rationalisierungsverständnis an, das sich auf diese neue Bedeutung von Kommunikations- und Strukturierungsprozessen bezieht (vgl. Altmann et al. 1986; Altmann/Düll 1987). Traditionelle unternehmerische Verbesserungs- und Rationalisierungsstrategien bestanden in der Regel aus der Überprüfung und Veränderung betrieblicher Prozesse, um so die gegebenen Faktoren der betrieblichen Produktion in besser geplanten Kombinationen mit höheren Erträgen einsetzen zu können. In tayloristischen und bürokratisch-zentralistischen Unternehmen zielten Rationalisierungsstrategien erstens auf das technisch-organisatorische Fertigungssystem (Mechanisierung, Automatisierung, Informatisierung, Flexibilisierung, Logistik), zweitens auf die Arbeitsorganisation (Veränderung horizontaler und vertikaler Arbeitsteilung, der Kooperationsformen, der organisatorischen Steuerung von Arbeitshandeln) und drittens auf die Anpassung der Mitarbeiter an die Anforderungen des Unternehmens (nach Pries 1988: 29; vgl. Bachmann/Möll 1992: 244). Systemische Rationalisierung dagegen strebt weniger danach, die Leistungsfähigkeit einzelner Bearbeitungsprozesse und den Nutzungsgrad einzelner Anlagen zu optimieren, sondern vielmehr nach der optimalen Koordination der einzelnen Prozesse. Es geht darum, schon weitgehend optimierte Einzelleistungen zu einem innovativen, harmonischen Ganzen zusammenzuführen.

## 3. Die Organisation postbürokratischer Unternehmen

Dezentralisierung, Enthierarchisierung, Entformalisierung der Kommunikation, so lautet die Zielrichtung postbürokratischer Unternehmen. Die neuen Leitlinien sind klar: Grenzenlosigkeit nach innen und außen, Labilität von Strukturen, lose Kopplungen und Verbundsysteme von unabhängigen Leistungszentren. Wie sehen jedoch die Koordinations- und Kooperationsmechanismen in postbürokratischen Unternehmen konkret aus? Welche interne Organisationsform entspricht am ehesten den Anforderungen ständiger Wandlungsfähigkeit? Lean Management, fraktale Fabrik, lernende Organisation, zirkuläres Unternehmen, postmoderne Fabrik sind mehr oder minder konkrete Vorschläge, wie die Unternehmen des 21. Jahrhunderts aussehen sollen. Trotz der Unterschiede im Detail sind in allen Modellen Projektgruppenorganisation und teilautonome Fertigungsgruppen das Herzstück postbürokratischer Unternehmen.

»It's Team Time«, mit diesen Worten beschreibt der Sozialwissenschaftler Thomas Breisig (1990) den Run auf Gruppenarbeit in europäischen und amerikanischen Unternehmen. Teams bilden die neuen zentralen Einheiten in flexiblen, wandlungsfähigen Organisationen. Der Übergang von einer funktional differenzierten, arbeitsteiligen Produktionsweise zu Teamarbeit ist historisch nicht eindeutig zu fixieren. Die Popularität von Teams und deren netzartiger Verknüpfung erwächst jedoch ohne Zweifel aus dem Kontrast zwischen den Leistungsanforderungen einer extrem instabilen Umwelt und dem begrenzten Leistungsvermögen herkömmlicher Organisationen (Breisig 1990: 61f). Durch Fertigungsgruppen, Ad-hoc-Gruppen, Projektorganisation und Netzstrukturen hofft man, sach- und themenbezogene Kommunikationsstrukturen aufzubauen, die die horizontale und vertikale Arbeitsteilung ergänzen oder gar ersetzen sollen.

### *Qualitätszirkel, Projektgruppen und teilautonome Fertigungsteams*

Für Teams gibt es nahezu inflationäre Benennungen. Sie werden bezeichnet als Qualitätszirkel, Innovationsgesprächskreise, Werkstattkontrollkreise, Aktionsgruppen, Problemlösungsgruppen, Beteiligungsinitiativen, Vorschlagskreise, Fertigungsteams usw. (vgl. Breisig 1990: 16; für ähnliche Vielfalt im Französischen Linhart 1991: 141). In diesem Namensdschungel lassen sich grob drei Typen von Teams ausmachen, die hier Qualitätszirkel, teilautonome Fertigungsgruppe und Projektgruppe genannt werden sollen.

Qualitätszirkel sind ein Managementsystem zur Verbesserung der Produktivität und der Qualität der Produkte und des Services. Dies soll durch die Entwicklung und Motivierung der Arbeiter und die Verbesserung ihres Arbeitslebens erreicht werden (Vaziri 1987: 17). Es handelt sich um Gruppen von in der Regel sechs bis zehn Mitarbeitern, die sich freiwillig und regelmäßig zu Arbeitssitzungen treffen. Die Teilnehmer stammen meistens aus dem gleichen Arbeitsbereich und treffen sich unter der Leitung eines Moderators. Sie benennen gemeinsame arbeitsbezogene Probleme, suchen nach Lösungen und führen diese in den Arbeitsprozeß ein. Hinter der Idee der Qualitätszirkel steckt das Prinzip, daß es besser ist, Qualität zu »produzieren«, als sie zu »kontrollieren«. Das heißt, Qualität soll in den Verantwortungsbereich der Produzenten selbst verlagert werden.

Bei Qualitätszirkeln handelt es sich um ein Instrument zur Optimierung der zentralistisch-bürokratischen Organisation in Richtung auf einen »partizipativen Taylorismus« (vgl. Linhart 1991: 81; Bradley/Hill 1987). Die Zirkel sind keine Maßnahme der Arbeitsstrukturierung, sondern eine Parallelorganisation, die problemlos zum Beispiel in Fließbandarbeit integriert werden kann (Jansen 1991: 103). Zirkel besitzen Vorschlagsrecht, aber keine formelle Entscheidungsgewalt. Die Zuständigkeit verbleibt bei den auch früher verantwortlichen Entscheidungsträgern. Die Zirkel haben nicht die Aufgabe, Konzeptionen zu entwickeln, sondern beschäftigen sich lediglich mit Nachbesserungen im Detail. Insofern sind sie, wie Peter Jansen (1991: 103f) feststellt, keine Konkurrenz zu technischen Planungsabteilungen und Arbeitsvorbereitungen, sondern übernehmen lediglich als Komplementärfunktionen die Bearbeitung von Problemen, die auf anderen Ebenen nur schwer zu lösen wären. Das untersuchte holländische Unternehmen lehnt Qualitätszirkel ab (vgl. Buck/Endenburg 1984: 5). Auch die Organisationsformen der beiden deutschen Unternehmen haben keine Ähnlichkeit mit Qualitätszirkeln, obwohl Metaplan selbst die Implementierung und Durchführung eines spezifischen Zirkelprogramms im Angebot hat (vgl. Drescher/Mauch 1983; Mauch 1981; Mauch/Wildemann 1987). Die Bell Group in Albuquerque entwickelte nach schlechten Erfahrungen mit Qualitätszirkeln Anfang der achtziger Jahre schnell ein Konzept von selbstgeleiteten Arbeitsgruppen (Griego/Board 1992: 2).

Diese selbstgeleiteten Arbeitsgruppen, auch teilautonome Fertigungsgruppen genannt, geben den Arbeitern ein hohes Maß an Autonomie und Kontrolle über ihr unmittelbares Verhalten. Die Arbeiter in den Fertigungsgruppen verfügen über ein breites Spektrum von Aufgaben, darunter Tätigkeiten, die traditionell vom Management wahrgenommen wurden (vgl. u.a. Manz/Sims 1987: 107; Manz/Keating/Donnellon 1990: 15; Millot/Roulleau 1991: 13; Schilder 1992: 67): Sie bestellen Material, legen Überstunden fest, bestimmen, wer welche Arbeitsposition einnimmt, definieren Arbeitsplatzwechsel, kalkulieren Produktivität, kontrollieren einen Haushalt und – wie im amerikanischen und im holländischen Unternehmen – stellen Mitarbeiter ein und entlassen sie manchmal auch wieder.

Ein Mitglied eines Auftragserfüllungsteams der Bell Group beschreibt den umfassenden Charakter der Aufgaben seiner Fertigungsgruppe: »Wir sind völlig selbst verantwortlich für die Organisation unserer Arbeit. Wir entscheiden selbst, wie wir unsere Arbeit erledigen und wer welche Aufgaben übernimmt. Wir erhalten regelmäßig Statistiken – von der Anzahl der erledigten Telefonanrufe bis zur Zahl der abgesandten Sendungen. Dadurch können wir unsere eigene Leistung beurteilen und uns unmittelbar neue, ehrgeizigere Ziele definieren. Wir haben und akzeptieren die volle Verantwortung für unsere Arbeit. Wir selbst haben die Wahl, gut zu sein oder eben absolut hervorragend!« (Bell Group Associates 1990: 2) Auch bei Endenburg Elektrotechniek bilden autonome Arbeitsgruppen, sogenannte Betriebskreise, das Herzstück des Unternehmens. Ihre Aufgaben reichen von Zielgruppendefinition, Werbung, Kundenbeschaffung, Auftragsabschluß über Arbeitsvorbereitung, Ausführung und Qualitätskontrolle bis zur Verkaufsvorbereitung und Lieferung (vgl. Pfefferkorn 1991: 21). Die Betriebskreise sind verpflichtet, mit den fortwährend auftretenden Veränderungen und Störungen selbst fertig zu werden. Die Kreise sind, in den Worten von Gerard Endenburg, »Aktionseinheiten, wo Chaos umgesetzt wird in zielstrebige Aktion« (Donnenberg 1989: 1). Ein Mitarbeiter konkretisiert: »Beschlüsse können nur in einem funktionalen Kreis, dem Circle, gefaßt werden. Jedes Team hat einen Leiter sowie eine Anzahl von Mitgliedern. Alle haben ein gemeinsames Ziel, auf das sie zuarbeiten, dessen Richtung sie gemeinsam austarieren.« (Stephan 1992: 21)

In dem zur Zeit besonders unter deutschen Unternehmensführern so beliebten Lean Management spielt Teamarbeit eine zentrale Rolle. Nur durch die konsequente Anwendung von Gruppenarbeit kann das ehrgeizige Ziel – hohe Flexibilität der Fabrikation und Maximierung der Qualität – erreicht werden. Durch gesteigerte Flexibilität soll die Produktion auch bei niedrigen Losgrößen effizient sein. So sollen die Montagearbeiter die Einstellung, Umstellung, Wartung und Reparatur der Maschinen selbst vornehmen. Sie streben ein Höchstmaß an Qualität im Sinne von Total Quality Management durch einen permanenten Problemlösungs- und Mängelbeseitigungsprozeß (Kaizen) an. Ein vorsteuernder, permanenter produkt- und produktionsbezogener Qualitätssicherungsprozeß soll nicht nur jegliche Nacharbeit überflüssig machen, sondern auch ein Produkt ermöglichen, das weitgehend der Null-Fehler-Vorgabe entspricht. Das Flexibilisierungs- und Qualitätspotential, das im Lean Management liegt, kann nur durch eine umfassende arbeitsorganisatorische Rationalisierung freigesetzt werden. Früher ausgelagerte Bereiche wie Qualitätssicherung, Nacharbeit, Maschinenreparatur und Instandhaltung werden in den eigentlichen Produktionsprozeß zurückverlagert. Im Mittelpunkt von Lean Production stehen deshalb Arbeitsteams, die von starken Leitungspersönlichkeiten geführt werden. Der Teamführer steuert die Arbeiten innerhalb der Gruppe und vertritt diese gegenüber dem Konzern.

Von den teilautonomen Fertigungsgruppen, die in der Lean Production genauso wie bei Endenburg Elektrotechniek und bei der Bell Group die funktional differenzierten Abteilungen als zentrale Organisationseinheit abgelöst haben, läßt sich als dritter Typ die Ad-hoc-Gruppe oder Projektgruppe abgrenzen. Projektgruppen sind an ein spezielles Ereignis oder temporäres Ziel gebunden. Dabei sind die Aufgaben der Projektgruppen häufig nicht eindeutig fixiert, sondern werden von ihnen selbständig im Detail definiert. Nach Erreichung eines bestimmten Ziels (oder der Erkenntnis, daß ein Ziel nicht erreichbar ist) lösen sich die Projektgruppen wieder auf. Sie unterscheiden sich von teilautonomen Fertigungsgruppen dadurch, daß sie generell einem »Rationalitätsdilemma« (Bergstermann 1990: 92) ausgesetzt sind. Die Akteure einer Projektgruppe befinden sich in einer Situation doppelter Verantwortlichkeit: Sie sind für den Erfolg der Projektgruppe verantwortlich, müssen aber der sie entsendenden Einheit gegenüber Rechenschaft ablegen.

Während Projektgruppen im holländischen und im amerikanischen Unternehmen lediglich als Ergänzung zu den teilautonomen Fertigungsteams gebildet werden (vgl. z.B. Levick/Paul 1991: 8), basiert die Arbeitsorganisation der Ploenzke Gruppe und von Metaplan auf Projektgruppen als zentraler Arbeitsform. Dies hängt mit dem spezifischen Produktangebot der beiden Firmen zusammen, der Durchführung eines Software- oder Beratungsprojektes beim Kunden. Je weiter sich die Tätigkeit eines Unternehmens von einem Produktionsprozeß entfernt, desto mehr verlagert sich der Schwerpunkt der Organisationsform von teilautonomen Fertigungsgruppen zu Projektgruppen.

Projektgruppen und teilautonome Fertigungsgruppen zeigen, daß neuartige Organisationsformen zwar in der Lage sind, auf externe Unsicherheit zu reagieren, dies jedoch mit einer Steigerung interner Unsicherheit erkaufen. Teams können durch ihre erhöhte Flexibilität besser auf eine turbulente Umwelt reagieren, geben dafür jedoch eine fest gekoppelte Strukturierung auf. In der alltäglichen Arbeit entstehen zwar neue Strukturierungen, die aber nur von geringer Konsistenz sind. Von diesen ständigen Restrukturierungen profitiert die Gesamtorganisation, weil dadurch – jedenfalls theoretisch – das gesamte in einer Gruppe vorhandene Potential freigesetzt werden kann. Das Unternehmen kommt an sonst brachliegendes Produktionswissen von Arbeitern und Angestellten heran. Andererseits gewinnen aber auch die Arbeiter, weil Restrukturierung auch ständige Requalifizierung bedeutet. Arbeitsvorgänge werden ständig modifiziert und damit auch neu gelernt. Arbeitstätigkeiten, die ehemals vor allem durch Fließbandtätigkeit einem Prozeß ständiger Dequalifizierung ausgesetzt waren, werden jetzt wieder aufgewertet.

Gleichzeitig nehmen die Teammitglieder die Auflösung von festen Strukturen unter Umständen aber auch als Verunsicherung, ja gar Gefahr wahr. Die Programmierung von Routinen war – neben einer Restriktion – für Gruppenmitglieder auch eine Entlastung und Garantie für Sicherheit (vgl. March/Simon 1958). Das Wissen, daß Teamversagen jetzt nicht mehr auf andere Abteilungen der Organisation abgeschoben werden kann, die unklare Definition von Rollen in der Gruppe und die Potentialität ständiger Machtkämpfe (vgl. Reeser 1969; Mintzberg 1979: 461) produzieren in der Wahrnehmung der Mitglieder Unsicherheit. Diese Unsicherheit wird verschärft durch eine extreme Erhöhung der Anforderungen an die Gruppenmitglieder: Die ständige Restrukturierung von internen Arbeitsprozessen wird häufig von den Mitarbeitern im Team als Gruppendruck wahrgenommen. Ein individuelles Entziehen aus dem Arbeitsprozeß z.B. durch Krankfeiern ist nur noch schwer möglich, weil dadurch die Kollegen belastet werden und nicht eine seelenlose, fest strukturierte Organisation (vgl. auch Flynn/McCombs/Elloy 1990: 27; Manz/Keating/Donnellon 1990: 21).

Mitarbeiter in Teams sind zwar nicht mehr einer anonym formulierten (Stellen-)Erwartung ausgesetzt, müssen statt dessen aber auf wechselnde Anforderungen ihrer Teamkollegen reagieren. In

Anlehnung an Erfahrungen in der amerikanischen Automobilindustrie sprechen Dohse, Jürgens und Malsch gar von der »Grausamkeit« von Teamkonzepten: Die Teams können Menschen viel härter anpacken und gegebenenfalls besser rausekeln, als es Vorgesetzte könnten. Auch über Zuspätkommen und Absentismus kann in Teams diskutiert werden. Teilweise seien Leute benannt worden, so beobachtete die Soziologengruppe, die »den Betreffenden morgens anrufen, um ihn zu wecken« (Dohse/Jürgens/Malsch 1985: 72; vgl. Deutschmann 1989: 389).

Die Praxis der Teams in der Bell Group zeigt, wie eine solche Selbstkontrolle funktioniert. In den Fertigungsgruppen wurde die Funktion des Facilitators – des Gruppenerleichterers – nach schlechten Erfahrungen abgeschafft. Er sei, wie das Mitglied des Trainingteams Diane Paul es ausdrückt, wie ein »Polizeimann ohne Strafzettel« gewesen, ohne wirklichen Einfluß auf die Teams. Jetzt, so erklärt ein ehemaliger Facilitator und heutiges einfaches Teammitglied, könne er als normales Gruppenmitglied mehr Einfluß ausüben als früher: »Alles, was ich versucht hatte als Facilitator umzusetzen, kann ich nun viel besser als Gruppenmitglied erreichen.« (TEI 1992: 6) Wie Gruppen ihren eigenen Gruppendruck erzeugen, illustriert er anhand der Kündigungsprozedur: »Wenn ein Mitarbeiter die Erwartungen nicht erfüllt, konfrontieren wir ihn damit auf einem unserer wöchentlichen Treffen. Wenn sich keine Verbesserung einstellt, verwarnen wir ihn erst mündlich und dann schriftlich. Bessert er sich auch dann nicht, dann schmeißen wir ihn raus.« (TEI 1992: 7)

Die Abnahme der Orientierungs- und Anhaltspunkte für die Teammitglieder einerseits und die Steigerung der Anforderungen und des Gruppendrucks an Mitarbeiter andererseits sind nicht nur ein Problem für die Angestellten, sondern auch für das gesamte Unternehmen. Es wird empfohlen, wie es in den Führungsgrundsätzen der Ploenzke Gruppe heißt, dem Mitarbeiter Freiheiten zu lassen, aber ihn gleichzeitig durch Gruppenzusammenhänge zu stützen: »Das Team gibt dem Mitarbeiter Sicherheit und stellt sich auf dessen individuelle Fähigkeiten ein.« (Ploenzke o.J.) Zwar verfügt eine Fertigungsgruppe oder ein Projektteam über wesentlich größere Selbstregulierungsmechanismen als die Arbeitseinheiten in einem tayloristischen Unternehmen; die Anforderungen an die Selbstorganisation sind jedoch auch wesentlich umfassender.

Prozesse der Gruppenbildung und Selbstorganisation gab und gibt es auch in traditionellen Unternehmen: Bewußt oder unbewußt entstehen selbst in Unternehmen mit stark zergliederten Arbeitseinheiten informelle Gruppen mit eigenen Sitten, Pflichten, Routinen und Riten (vgl. Mayo 1948: 128; Breisig 1990: 67). Die Aufgaben beschränken sich jedoch auf die Vereinfachung und Umdefinition der von der Arbeitsvorbereitung vorgegebenen Handgriffe und auf die Ausbildung von kollektivem Widerstand gegen als ungerechtfertigt angesehene Maßnahmen des Managements.

In postbürokratischen Unternehmen sind Mechanismen der Selbstorganisation nicht mehr das – häufig vom Management ungewünschte – Anhängsel einer von oben durchstrukturierten Organisation, sondern die Grundeinheit kollektiven Handelns. Deswegen ist das »Funktionieren« der teilautonomen Fertigungsgruppen und Projektgruppen essentiell, vielleicht sogar existentiell für den unternehmerischen Erfolg. Die Mittel, über die die Unternehmensleitung verfügt, um die Schere zwischen zunehmender Instabilität der Orientierungspunkte für die Teammitglieder und den steigenden Anforderungen an diese zu schließen, sind vergleichsweise schwach: Rekrutierungspolitik und Fortbildung. Die »Teamfähigkeit« ist bereits zu einem Standardschlagwort in Stellenanzeigen geworden und wird auch zunehmend in Bewerbungsgesprächen getestet. Die betriebsinterne Fort- und Weiterbildung, lange Zeit ein Stiefkind unternehmerischer Politik, erhält angesichts von Gruppenarbeit eine neue Bedeutung. Diese Maßnahmen können eine stabilisierende Wirkung auf die Unternehmensstruktur erzielen (vgl. Noll 1987: 157ff). Allein in den unterschiedlichen Profitcentern der Bell Group erhalten Teammitglieder mindestens 80 Stunden Training im Jahr. Bei Endenburg Elektrotechniek wird unter dem Schlagwort »Integral education« berufs- und fachspezifische Aus- und Weiterbildung integriert in einen Prozeß des Vermittelns von Kenntnissen über gesamtbetriebliche Abläufe und Techniken der Entscheidungsfindung (vgl. Endenburg 1992b: 219).

Bei der Einrichtung von Teams als zentraler Form interner (und zunehmend auch externer) Koordination steht die Organisation vor dem Dilemma, die einzelnen relativ autonomen Gruppeneinheiten horizontal und – bei Beibehaltung von Hierarchien – auch vertikal miteinander zu verzahnen. Wenn, wie der weise alte Mann unter den amerikanischen Managerberatern, Peter F. Drucker, fordert, das schwerfällige Schlachtschiff »Unternehmen« abgelöst werden soll durch eine wendige Flottillenorganisation, stellt sich die Frage, wie die einzelnen Flottenschiffe der »Aktion Firma 1999« untereinander kommunizieren und kooperieren sollen (vgl. Drucker 1991). Es stellt sich für Organisationen das Problem, wie die Kooperation zwischen Gruppen funktionieren kann, ohne den freien Informationsfluß zwischen den Einheiten und die weitgehende Autonomie der Teams zu beeinträchtigen; allgemeiner gesprochen, wie Organisationen ihre Leistungsbereiche und Aufgabenzuschnitte ordnen können, wenn diese funktional ausdifferenziert sind (vgl. Tacke/Wehrsig 1992: 223). Für Tom Peters (1993) ist das Problem, wie ein Konzern, der in viele Teile zerlegt ist, sicherstellen kann, daß zwischen diesen ein Netzwerk funktioniert, die »einzige wirklich wichtige Frage für das Management der neunziger Jahre«.

Es klingt schön und postbürokratisch, wenn ein Geschäftsführer und ein Betriebsratsmitglied der Ploenzke Gruppe einträchtig in einem Positionspapier fordern, daß »ein offenes Kommunikationsklima mit Regelkreisen, mit flexibler Projektorganisation und Netzstrukturen« das Unternehmen und die Mitarbeiter lebendig halten soll, und beide übereinstimmen, daß »in starren Hierarchien und engen Regeln« das »Unternehmensvermögen«, das »Know-how der Mitarbeiter« nicht zur Wirkung kommt. (Besier/Fuchs 1992: 4) Erfolgreiche Strategien müssen jedoch über eine solche in Unternehmen sehr beliebte Sozial- und Humanprosa hinausgehen.

Schon Anfang der siebziger Jahre wies der amerikanische Zukunftsforscher Alvin Toffler auf ein mögliches Regulierungsinstrument hin. In den von ihm beobachteten Adhocratien erhält sich der Kontakt zwischen autonomen Einheiten durch informelle

Beziehungen. Angesichts der enormen Geschwindigkeit, mit der sich in Adhocratien Titel, Arbeitsplätze und Aufgaben ändern, Strukturen auseinanderfallen und entstehen, Abteilungen und Projektgruppen geboren und wieder begraben werden, gewährleisten informelle Beziehungen ein lebenswichtiges Kommunikationsnetz. (Toffler 1971; vgl. Mintzberg 1979: 433; Mintzberg 1983: 254) Sie sind die Lebensader von Adhocratien. Der Organisationsberater Jochen Schmidt (1993: 72) betont, daß informelle Systeme das eigentlich lebendige Zentrum jeder Organisation sind. Dies ließe sich daran zeigen, daß die meisten Organisationen zusammenbrechen würden, wenn alle ausschließlich nach Plan arbeiteten. So schoben die bundesdeutschen Fluglotsen während des Bummelstreiks 1973 mehrere Monate lang Dienst nach Vorschrift und brachten damit fast den gesamten Luftverkehr zum Erliegen.

In postbürokratischen Organisationen wird versucht, gezielt die Ausbildung von informellen Systemen zu fördern. Durch Teamwechsel können Gruppen lose gekoppelt und ein Netz von labilen Strukturen gebildet werden. Die Form der Koordination durch Teamwechsel wird in der von mir untersuchten deutschen Unternehmensberatungsfirma auf die Spitze getrieben: Durch den ständigen Wechsel der Mitglieder von Projektgruppen entsteht ein komplexes Kommunikations- und Kooperationsgeflecht. Koordinationsprobleme bestehen jetzt nicht mehr zwischen den einzelnen Gruppen, sondern nur noch darin, wer wann wie lange in welchen Projekten tätig sein wird. Es entstehen über die Projekte hinweg keine festen Strukturen, sondern persönliche Beziehungen, auf die man zur gesamtorganisationellen Koordination zurückgreifen kann. Dabei wird davon profitiert, daß es sich bei rein persönlichen Beziehungen um lose gekoppelte Koordinations- und Kommunikationsmechanismen handelt.

Konsequent zu Ende gedacht, wäre eine relativ erfolgversprechende Verknüpfung autonomer Subeinheiten durch den Aufbau von Liebes- und Freundschaftsbeziehungen über Gruppengrenzen hinaus zu erreichen. Insofern müßte ein postbürokratisches Unternehmen auch immer eine Partnervermittlung sein. Auch wenn sich Unternehmen vermutlich Partnervermittlung als zweiter Zielsetzung neben Profitmaximierung widersetzen würden, kann erstmal nicht einleuchtend widerlegt werden, weswegen das (meistens!) erfolgreiche Prinzip der Koordination durch Familienclans nicht auch in der etwas loseren Form von Freundschaften und Beziehungen in postbürokratischen Organisationen eingesetzt werden sollte.

Netzwerkstrukturen machen den informellen Charakter von Kommunikation zur Grundlage ihrer Organisationsform. In Netzwerken nehmen die verschiedenen Einheiten Kommunikation mit allen Gruppen und Individuen auf, mit denen sie kommunizieren müssen, und produzieren dabei ein dichtes und transparentes Netz aus Informationen, Verständigungen und Übereinstimmungen (vgl. Schmidt 1993: 125). In Peter F. Druckers »Fabrik von 1999« wird in allen Gruppen, Projektteams und Abteilungen darüber nachgedacht, welche Informationen man wem schuldet und welche Informationen man selbst von anderen braucht. Informationen fließen dabei zu einem erheblichen Teil horizontal, über die Abteilungs- und Gruppengrenzen hinweg: »Die Fabrik von 1999 ist ein Informationsnetzwerk, in dem alle Manager den Gesamtprozeß kennen und verstehen müssen; wie die Mitglieder eines einzigen Teams müssen sie Bescheid wissen und handeln und sich dabei an der Leistung des Betriebs orientieren. Vor allem haben sie sich zu fragen: Was müssen die Leiter der anderen Module über die Eigenheiten, Kapazitäten, Pläne und Arbeitsweise meiner Einheit wissen? Und umgekehrt, welche Informationen brauchen wir eigentlich von den anderen?« (Drucker 1991; vgl. Warnecke 1992: 71f)

Wichtig ist, daß die Beziehungen zwischen verschiedenen Gruppen eines Netzwerkes immer in Frage zu stellen sind. Sobald es einen Zwang zur Kooperation gibt, würde ein Netzwerk zu einer bürokratischen Organisation verkommen. Deswegen gehen immer mehr Unternehmen dazu über, bestimmte interne Gruppen (z.B. Weiterbildung, Beratung) gegen externe Anbieter auf einem organisationsinternen Markt antreten zu lassen: Die Möglichkeit einer teilautonomen Fertigungsgruppe, Beratung auch außerhalb des Unternehmens einzukaufen, löst die sonst vorhandene feste

Kopplung zwischen der Fertigungsgruppe und dem im Unternehmen vorhandenen Team für Weiterbildung und Beratung auf. Dieser Mechanismus wirkt sogar – mit Abstrichen – bei vertikalen Koordinationsbeziehungen. Eine hochgradig autonome Fertigungsgruppe kann wenigstens theoretisch gegenüber dem Management drohen, sich selbständig zu machen oder ein anderes geeigneteres Management zu suchen. Dieses Drohpotential gestaltet die Beziehung zwischen teilautonomen Fertigungsgruppen und zentraler Leitung als grundsätzlich fragwürdig und trägt damit zu der Auflösung einer sonst extrem stark fixierten Strukturierung bei. Selbst wenn Betriebs- und Ortsbindungen, unternehmensspezifische Qualifikationen, Kapitalmangel und fehlende Risikobereitschaft diese Möglichkeit zu einer rein theoretischen machen, so hat sie doch Auswirkungen auf die Beziehung zwischen Management und den relativ autonomen Unternehmensteilen.

Informelle Systeme und Netzstrukturen sind wichtige Instrumente, um autonome Einheiten miteinander zu verknüpfen. Das Vertrauen der von mir untersuchten Unternehmen in Netzwerke und informelle Systeme als dominierende Instrumente der Verknüpfung selbständiger Gruppen ist jedoch – vielleicht berechtigterweise – nicht besonders groß. In allen vier Unternehmen wurden Mechanismen entwickelt, die letztlich Variationen des klassischen hierarchischen Unternehmensmodells sind. »Partizipatives Management«, »Dienstleistungspyramiden« und »Soziokratie« sind alles Methoden, die sich nicht auf die Selbstorganisationsfähigkeit von informellen Systemen und Netzwerken verlassen. Sie beziehen vielmehr abgemilderte, hierarchische Strukturierungen in die Organisationsnetzwerke ein.

Partizipatives Management soll nach den Vorstellungen mehr oder minder postbürokratischer Unternehmensberater die Einbeziehung möglichst vieler Mitarbeiter in die vertikale, hierarchische Koordination gewährleisten. Die Vorgesetzte, wenn es den Begriff noch gibt, wird von einer befehlenden Autoritätsperson zu einer Animateurin und Moderatorin. Sie muß ein Vertrauensverhältnis zwischen sich und den Mitarbeitern schaffen und deren Mitwirkung an der Entscheidungsfindung ermöglichen (vgl. Crozier

1989: 64). Der Geschäftsführer der Bell Group, Hugh Bell, erklärt in einem Einführungsvideo für neue Mitarbeiter und Mitarbeiterinnen, daß das partizipative Management ein von Menschen entworfenes und eingeführtes System der Entscheidungsfindung ist, das darauf basiert, daß »die Menschen nicht Opfer, sondern Teil des Systems sind« (Bell Group 1992). Für einen Mitarbeiter im Auftragserfüllungsteam in Rio Grande Albuquerque (RGA), einem der Profitcenter der Bell Group, unterscheidet sich »sein« Unternehmen von allen anderen besonders durch partizipatives Management: »Von allen Vorzügen Rio Grande Albuquerques gegenüber anderen Unternehmen ist partizipatives Management der wichtigste. Diese Philosophie gibt uns Mitarbeitern einen direkten Einfluß auf die Planung und Ausführung von verschiedenen Arbeitsschritten. Sie macht uns zu den Verantwortlichen für die Produktivität des Unternehmens.« (Bell Group Associates 1990: 1)

Das Problem beim partizipativen Management ist, daß es nicht auf Hierarchie als Mittel der vertikalen Koordination verzichtet. Es beteiligt, aber ermächtigt nicht. Charles Perrow, einer der führenden amerikanischen Organisationstheoretiker, kritisierte bereits vor zwanzig Jahren partizipatives Management als »hygenisches Spray«: Man strebe zwar an, das Gefühl der Entfremdung bei Mitarbeitern zu reduzieren, würde ihnen jedoch nur sehr begrenzte Macht einräumen. Sie würden bei Entscheidungen beratend hinzugezogen und auch ermutigt werden, bestimmte Entscheidungen selbst zu fällen. Diese Entscheidungen könnten jedoch stets durch ein Veto zu Fall gebracht werden. Vergleichbar sei das mit einem demokratischen System, in dem die Menschen ihre Leiter selbst wählen würden, die Wahl dann jedoch von den Leitern für ungültig erklärt werden könnte. Perrow vermutet, daß partizipatives Management Angestellten und Arbeitern eine Stimme geben und die Qualität der Entscheidungen verbessern würde. Die Entscheidungen blieben jedoch – Partizipation hin oder her – die Entscheidungen des Managements. (Perrow 1974: 35; vgl. Mintzberg 1979: 204)

Sowohl das deutsche Software-Unternehmen als auch die Bell Group streben die Abstimmung zwischen verschiedenen Niveaus durch eine Umkehrung des hierarchischen Prinzips von oben und unten an. Das Management wird zum Dienstleister für die kundenorientiert arbeitenden Teams. Führen wird – in den Worten des Gründers der Ploenzke Gruppe – »zu einer Dienstleistung, auf die die Mitarbeiter ein Recht und einen Anspruch haben« (Plönzke 1992: 153). Dieser Gedanke wird sowohl von dem deutschen als auch dem amerikanischen Unternehmen unter Zuhilfenahme des von Jan Carlzon (1986, 1990), Chef der skandinavischen Luftfahrtgesellschaft SAS, entwickelten Modells der Dienstleistungspyramide propagiert. In dem Modell dieser umgekehrten Pyramide stehen die Kunden ganz oben, dann schließen sich die Mitarbeiter an, die im unmittelbaren Kundenkontakt stehen, gefolgt vom Management und der Direktion. Alan Bell, Marketingchef der Bell Group, erklärt: »Der Kunde ist der Boß, und jeder hier im Unternehmen ist verantwortlich, seinem Boß zu dienen. Der Direktor muß sich fragen, wie er den Teamkoordinatoren und den Fertigungsgruppen am besten dienen kann. Die große Frage und Verantwortung für die Teams ist, wie sie ihrem Boß, dem Kunden, am besten dienen können.« (Bell Group 1992)

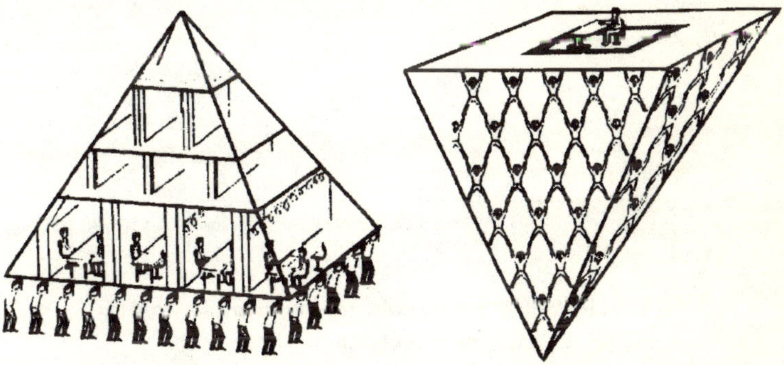

*Abbildung 4:* Die Hierarchie- und Dienstleistungspyramide (Fuchs 1992d)

Die Dienstleistungspyramide mag in ihrer Bildhaftigkeit und in ihrem Kontrast zur herkömmlichen hierarchischen Pyramide eindrucksvoll sein, löst das Koordinationsproblem jedoch nicht. Es läßt im unklaren, was für ein Interesse die jetzt wenigstens bildlich obenstehenden, kundennahen Teams und Mitarbeiter an einer Beibehaltung dieser Pyramide haben und weswegen sie für diese Dienstleistung bezahlen sollen. Der Geschäftsführer des deutschen Unternehmens reißt dieses Problem an, wenn er feststellt, daß die Dienstleistungspyramide ihre »Stabilität durch Wohlfühlen« erhält. Sie ermögliche ein dynamisches Gleichgewicht, allerdings nur, wie er einschränkt, »wenn das Unternehmensklima stimmt« (Fuchs 1992d: 38). Dieses »stimmige Unternehmensklima« mag zwar den Anforderungen an eine lose Kopplung entsprechen. Es macht jedoch vertikale Koordination extrem anfällig – jedenfalls dann, wenn auf Hierarchie basierende Drohpotentiale (Entlassungen) wirklich und nicht nur verbal aufgegeben werden.

Kreisorganisation Endenburg Elektrotechniek B.V.

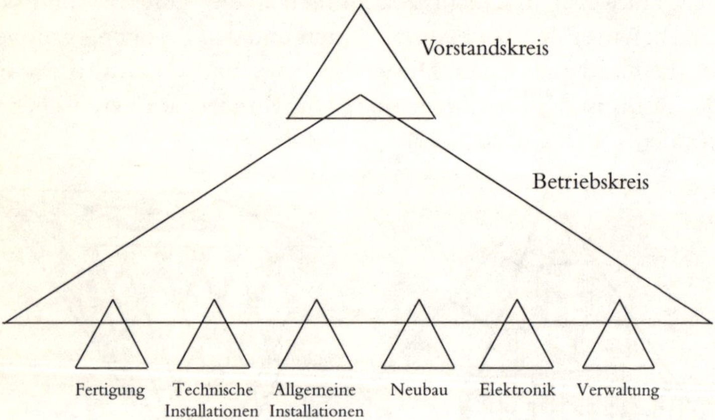


*Abbildung 5:* Die soziokratische Kreisorganisation von Endenburg Elektrotechniek

In dem holländischen Unternehmen arbeitete der Geschäftsführer ein Modell aus, das das Dilemma zwischen der Notwendigkeit der vertikalen Koordination zwischen Teams und dem Zugeständnis hoher Autonomie lösen soll. In der sogenannten Soziokratie wird, wie Gerard Endenburg betont, »der übliche Befehls-Gehorsam-Mechanismus durchbrochen«. An seine Stelle treten menschliche

Regelkreise: »Kybernetisches statt hierarchisches Management« (Endenburg 1992a: 139). Durch einige wenige fundamentale Regeln soll der Koordinations- und Kontrollbedarf bereits durch Lenkungsmechanismen im System gedeckt werden (vgl. Pfefferkorn 1991: 62): Alle Entscheidungen werden im Konsens getroffen, wobei Konsens nicht die Zustimmung aller bedeutet, sondern das Nichtvorhandensein von Widerspruch. Alle Personen und Positionen werden durch Wahl bestimmt. Sogenannte doppelte Bindungen verzahnen sie vertikal miteinander. Dabei ist jedes Team im nächsthöheren Team doppelt vertreten, durch einen funktionalen Leiter (Manager) und einen gewählten Vertreter (Buck/Endenburg 1984: 5).

Die Verbindung dieser drei soziokratischen Prinzipien ermöglicht einen freien Informationsfluß und gibt gleichzeitig ein für postbürokratische Unternehmen hohes Maß an Sicherheit. Zwar sind alle Positionen und Entscheidungen generell umwerfbar, es gibt also theoretisch eine organisationsintern unbegrenzte Kontingenz (jeder kann nach diesem Modell Unternehmens-»Chef« werden), aber gleichzeitig gewährt das Konsensprinzip den Mitarbeitern und Teams die Sicherheit, daß nichts gegen ihren Willen entschieden werden kann.

### *Dem Enthusiasmus zum Trotz: Erste Zweifel und Fragen*

Je sicherer das Ende des klassischen bürokratisch-hierarchischen Unternehmens, desto gewagter die Vorschläge, mit denen sich Organisationsberater an die Öffentlichkeit wagen. Wer wie die Crème de la Crème deutscher, französischer, amerikanischer und japanischer Unternehmensberater integrativ-innovative Unternehmen (Kanter 1983), Systeme 5 (Likert/Araki 1986), Typen Z (Ouchi 1981), vielzellige Organisationen (Landier 1989), Flex-Firmen (Toffler 1990), Lean Companies (Ohno 1993; Womack/Jones/Roos 1991) oder fraktale Fabriken (Warnecke 1992) fordert, gibt sich nicht mit ein bißchen partizipativem Management, Teamarbeit und Projektorganisation zufrieden. Begnügte man sich früher mit ein wenig mehr Motivation und Kundenorientierung hier und ein bißchen effizienteren Kommunikationskanälen dort, traut man sich jetzt ehrgeizige und umfassende Managementansätze zu. Angesagt sind die großen Entwürfe.

Diese nicht selten gewagt hingeworfenen Entwürfe finden bei Managern Gehör. Als wenn diese Berufsgruppe nicht auch davon betroffen wäre, daß allgemein das Ende der Geschichte oder aber mindestens der großen Ideologien verkündet wird, schmachten nicht wenige Mitglieder dieser Profession nach den großen Antworten. Im Unternehmen muß das Blut alter Organisationsstrukturen in Strömen fließen; anders entlockt man den mit Zeitschriften, Ratgebern und Büchern vollgekleisterten Managern heute kein müdes Lächeln mehr. Man muß schon wie die Re-engineering-Gurus Michael Hammer und James Champy (1994) eine »Business Revolution« versprechen, in der kein Stein auf dem anderen bleibt, um noch Interesse zu wecken. Angesichts der von Hammer und Champy versprochenen Verbesserung um bis das Zehnfache der bisherigen Leistung wirken die Stiefväter des Lean Management James P. Womack, Daniel T. Jones und Daniel Roos (1991) richtig bescheiden; versprechen sie doch nur, die Produktivität zu verdoppeln und gleichzeitig die Kosten und die Mitarbeiterzahl um die Hälfte zu reduzieren. Lean Management und Re-engineering verdanken ihren Siegeszug durch europäische und amerikanische Managementetagen der Tatsache, daß sie einen integrativen Ansatz bieten, mit dem sich alle kleinen und großen Sorgen heutiger Unternehmensführung beheben lassen. Die Allheilmittel Lean Management und Re-engineering ersetzen die frühere Flickschusterei an einzelnen Symptomen. Statt sich im einzelnen mit simultaner Produktentwicklung, Just-in-time-Logistik, Technologieplanung, Personalentwicklung, Teamarbeit, Total Quality Management und dezentralen Produktionsstrukturen auseinandersetzen zu müssen, wird jetzt alles unter einem einprägsamen Motto zusammengefaßt. »Lean-Unternehmen« und »re-engineerte Firmen« erscheinen als neue Sterne am europäischen und amerikanischen Wirtschaftshimmel.

Egal ob Lean Management, Flex-Firma, vielzelliges Unternehmen oder fraktale Fabrik – alle Modelle spielen eine Schlüssigkeit und Umfassendheit vor, die dem Außenstehenden den Atem raubt. Das Ei des Kolumbus scheint bei vielen Managementberatern im Wochenrhythmus ge- und erfunden zu werden. Wenn all das, was schlanke, reengineerte oder postbürokratische Unternehmen als ihre neue Organisationsstruktur verkaufen, so existieren würde, wäre es berechtigt, ja sogar notwendig, von einer wahrhaften Revolution zu sprechen: Unter der Leitmaxime des Wandels und der Innovationsfähigkeit würden netzartig verknüpfte Projektorganisationen flexibel und schnell auf sich rasch ändernde Umweltbedingungen reagieren. Neuartige Netzwerke, Zwischenformen von Markt und Organisation, würden die Starrheit der hierarchischen Organisation aufbrechen und helfen, eine turbulente Umwelt zu strukturieren. Mitarbeiter wären die Gewinner der Revolution und die neuen Machthaber in Know-how-Unternehmen, in denen die materielle Arbeit durch kommunikative, planende und strukturierende Tätigkeiten weitgehend abgelöst werden würde.

Aber schon in der Beschreibung des Diskurses der neuen Managementgurus und einiger Mitarbeiter und Mitarbeiterinnen postbürokratischer Unternehmen habe ich Fragezeichen gesetzt: Wie können autonome Einheiten zu einem harmonischen Ganzen zusammengeführt werden? Sind Kontextsteuerung und Selbstorganisation in Übereinstimmung zu bringen? Ist partizipatives Management mit Enthierarchisierung vereinbar? Ist die umgekehrte Dienstleistungspyramide mehr als ein schönes Bild?

Postbürokratische Managementberater und Unternehmensleiter kommen in der Regel aus einer bürokratischen, tayloristischen Tradition und scheinen, salopp gesagt, überwältigt von den neuen Freiheiten postbürokratischer Organisationsformen. Das, was heute unter den vielfältigsten Namen als neue Organisationsformen verkauft wird, ist jedoch nicht sehr weit entfernt von den Formen, die in basisdemokratischen oder autonomen Gruppen – mit erheblichen Problemen – seit etlichen Jahren erprobt werden. Ähnliche Fragen und Zweifel an Gruppen, die sich unter dem Motto »Keine Macht für niemand« absoluter Freiheit verschrieben haben, müssen sich auch Unternehmen gefallen lassen, die »Wandel als das einzige Stabile« propagieren.

## Teil IV

# Die Dilemmata postbürokratischer Unternehmen

> Freiheit ist ohne Ordnung nicht möglich
> und die Ordnung ohne Freiheit wertlos.
>
> *Mahatma Gandhi*

Die Betrachtung postbürokratischer Unternehmen und neuer Managementmethoden, von Projektgruppenorganisation über Netzwerke bis hin zur Unternehmenskultur, zeichnet sich häufig durch einen überraschenden Mangel an Kritik und Zweifeln aus. Daß sich Unternehmen und Unternehmer in ihrer Selbstbeschreibung für etwas Besonderes halten, ist verständlich, vielleicht sogar notwendig: Es dient der Stabilisierung des organisationsinternen Zusammenhalts und der Abgrenzung gegenüber der Umwelt. Aber auch Managementberater, die ja – wenigstens der Theorie und den Beratungsverträgen nach – für die kritische Betrachtung von Organisationen bezahlt werden, scheinen in postbürokratischen Organisationen fast schon eine neue Heilslehre gefunden zu haben. Selbst gestandene Sozialwissenschaftler, wie der Begründer der französischen Organisationssoziologie, Michel Crozier (1989), stimmen in den Kanon der Begeisterung für die neuen Unternehmensformen ein.

Aber schon das Bild der Jazzband, gerne als Metapher für den neuen Organisationstypus benutzt, läßt Zweifel aufkommen, ob es Unternehmen wirklich gelingt, »Wandel als das einzige Stabile« festzuschreiben. Der Metaplan-Mitarbeiter Leue betont, daß auch in einer Jazzband jeder seine Rolle und sein Instrument hat, es allgemeine und individuell vereinbarte Regeln gibt und häufig einer den Rahmen (Arrangement, Harmoniefolgen, Rhythmus, Stilrichtung) setzt, innerhalb dessen sich jeder frei entfalten kann. Häufig lägen Rahmen, Arrangement und Starrolle in einer Hand, es existierte aber auch die im Hintergrund moderierende Führung: »Der Moderator gibt die Einsätze, startet, schließt ab, gibt die Übergänge etc. Er steht nicht wie ein Dirigent vor der Gruppe, sondern wirkt von der Seite. Er spielt seinen Part und greift nur ein, wenn es nötig ist.« (Leue 1989: 3) So beschrieben, ist eine Jazzband sicherlich nicht eine hierarchiefreie, entdifferenzierte und dezentralisierte Unternehmung.

Statt bereits über eine fertige Konzeption postbürokratischer Organisationen zu verfügen, stehen die neuen Unternehmen vor fundamentalen und bisher ungelösten Problemen. Die Schwierigkeit postbürokratischer Unternehmen ist nicht so sehr der Widerstand des Mittelmanagements gegen den Verlust seiner Positionen oder die Unfähigkeit der Mitarbeiter, sich auf die neuen Anforderungen einzustellen. Vielmehr treibt die Orientierung auf Wandel, Flexibilität und Innovation postbürokratische Organisationen förmlich an die Grenzen ihrer Existenzmöglichkeiten.[1] Postbürokratische Unternehmen stehen somit vor dem fundamentalen Problem, ihre auf Innovation und Wandlungsfähigkeit ausgerichtete Organisation zusammenzuhalten (Kapitel IV-1). Statt einer »Mitarbeiterrevolution« – der Übernahme zentraler Macht- und Entscheidungsfunktionen durch die Mitarbeiter – führt die Enthierarchisierung zu zunehmenden Machtkämpfen im Unternehmen (Kapitel IV-2). Statt die zunehmende Komplexität durch Vereinfachung der Organisationsabläufe reduzieren zu können, führen gerade die Vereinfachungen zu komplexeren, unübersichtlicheren Prozessen (Kapitel IV-3). Sich wandelnde Unternehmen stehen vor dem Dilemma, daß es angesichts der wachsenden Flexibilitätsanforderungen kein Zurück zu tayloristisch-bürokratischen Organisationsformen gibt, daß aber die losen Kopplungen postbürokratische Organisationen einer fundamentalen »Auflösungs-« und »Politisierungsgefahr« aussetzen.

## I. Das Flexibilitätsdilemma: Die (notwendigen) Grenzen von Unternehmen

Selbst in den postbürokratischsten der postbürokratischen Unternehmen gibt es eine Tendenz zu Regeln, Routinen, Stabilität und Redundanz. Sowohl Burns und Stalker (1966) als auch Mintzberg (1988: 618) beobachteten, daß sogar die hingebungsvollsten Mitglieder von Adhocratien zeitweise eine recht geringe Toleranz gegenüber Unsicherheit, Ungewißheit und Unordnung hätten. In bestimmten Situationen, so stellen die Organisationstheoretiker Burns und Stalker (1966) fest, schreien manche Manager in Adhocratien verzweifelt nach mehr Ordnung und Struktur. Ursache dafür ist, wie im folgenden gezeigt wird, eine inhärente Tendenz von postbürokratischen Organisationen zur Selbstauflösung.

Organisationen, egal ob präbürokratisch, bürokratisch oder postbürokratisch, sind keine natürlichen Phänomene, sondern künstliche Gebilde. Ihre Existenz und ihr Fortbestand sind immer bedroht.[2] In postbürokratischen Unternehmen ist die generelle Gefährdung der Existenz und des Fortbestandes jedoch ein omnipräsentes, allgegenwärtiges Problem. Je loser gekoppelt Organisationen sind, desto weniger Schutzmechanismen haben sie gegen die individuellen, begrenzten Rationalitäten ihrer Organisationsmitglieder. Je größer die Palette an Möglichkeiten in einer Organisation, desto wahrscheinlicher ist es, daß die lokalen Rationalitäten der Organisationsmitglieder sich gegen die Organisationslogik durchsetzen können. Die kontinuierliche Steigerung der Wandlungsfähigkeit kann in letzter Konsequenz zu einer Auflösung der Organisation führen. Das Unternehmen droht vor lauter Schaffung von Möglichkeiten (Kontingenz) den inneren Zusammenhang zu verlieren. Es kommt abhanden, was Organisationen auszeichnet, nämlich die Unterscheidung zur Umwelt. Die Unternehmen sind der Gefahr ausgesetzt, über die Integration der unsicheren Umwelt und die Zuweisung von Autonomie an ihre Mitarbeiter sowohl nach innen als nach außen »auseinanderzulaufen«.

Das fundamentale Problem postbürokratischer Unternehmen, die Grenzziehung zur Umwelt, läßt sich mit Hilfe der Systemtheorie organisationssoziologisch nachvollziehen. Organisationen grenzen sich von ihrer Umwelt dadurch ab, daß sie über ein Weniger an Möglichkeiten verfügen.[3] Organisationen – oder, allgemeiner gesprochen, Systeme – sind strukturierte Beziehungsgefüge, die bestimmte Möglichkeiten festlegen und andere ausschließen. In turbulenten Umwelten gibt es immer ein Zuviel an Möglichkeiten. Organisationen sind gezwungen, durch Entscheidungen auszuwählen. Sie sind genötigt, um ihrer selbst willen, ihren Weltausschnitt – ihre eigene Begrenztheit also – gegen die »laufende Bedrohung durch andere Möglichkeiten« zu verteidigen (Luhmann 1969: 395; vgl. Kiss 1986: 20). Anders ausgedrückt bestehen Systeme nur dadurch, daß sie über eine geringere Kontingenz verfügen als ihre Umwelt.[4] Ihre Identität können sie nur durch diese Differenz zwischen ihrer eigenen Begrenztheit und ihrer omnipotenten Umwelt erlangen (vgl. Luhmann 1988b: 242f).

Eigene Begrenztheit schafft man durch Grenzziehung: »Etwas ist nur in seiner Grenze und durch seine Grenze das, was es ist.« (Hegel, zitiert nach Bolz 1992: 9) Die Grenze gewährt dem »Etwas« überhaupt erst das Dasein. Die Grenzziehung zur Umwelt erfolgt durch eine sinnhafte Ordnung der internen Strukturen und Prozesse. Durch sie kann eine Organisation entscheiden, welche Handlung in »ihrem Sinne« ist und welche nicht.[5] Sinn ist ein notwendiges Selektionskriterium, um Umweltkomplexität zu reduzieren und zu entscheiden, welche Elemente es miteinander verknüpfen will.[6] Der Sinn einer Organisation hat, wie die Pioniere der systemischen Unternehmensberatung, Alexander Exner, Roswita Königswieser und Stefan Titscher, hervorheben, eine steuernde Wirkung als Netzwerk von Selektionsregeln: »Umweltzustände werden typisiert, aktuell Gegebenes von Möglichem unterschieden, die Welt wird in einer bestimmten Art und Weise gesehen.« (1987: 272) Diese sinnbezogene Auswahl wird durch Überlieferungen tradiert, bildet sich in Abarbeitung mit Erwartungen der Umwelt und bestimmt die interne Differenzierung von Organisationen.

Diese interne Differenzierung ist nichts anderes als die Struktur einer Organisation. Es sind die Entscheidungsprämissen, die für jeweils mehr als eine Entscheidung gelten. Sinnhafte Selektion bzw. interne Strukturierung hängt davon ab, was die Organisation als ihren Unterschied zur Umwelt begreift: Wenn eine Wirtschaftsorganisation z.B. plötzlich anfängt, nicht mehr nach Rentabilität (oder Aufrechterhaltung der Zahlungsfähigkeit), sondern nach religiöser Verwirklichung, ideologischer Richtigkeit, moralischer Aufrichtigkeit oder endgültiger Wahrhaftigkeit zu streben, können wir mit ziemlicher Sicherheit davon ausgehen, daß wir es mit einer Verwirrung der sinnhaften Selektionsmechanismen zu tun haben.[7] Insofern müssen Wirtschaftsorganisationen nach zweierlei streben. Erstens müssen sie das Kriterium der Wirtschaftlichkeit als zentralen sinnhaften Selektionsmechanismus beibehalten, weil sie sonst aufhören, eine »Wirtschafts«-Organisation zu sein. Zweitens müssen sie diesen Selektionsmechanismus einsetzen, um sich von der Umwelt abzugrenzen, weil sie sonst aufhören, eine Wirtschafts-»Organisation« zu sein.

Diese Verknüpfung von Elementen, Prozessen und Strukturen zu einem System ist generell variabel. Anders ausgedrückt: Sinn als Steuerungsmoment dieser Systembildungen ist instabil. Er kann zum Beispiel aufgrund sich wandelnder Umweltbedingungen verändert werden. Systeme bzw. Organisationen sind also nicht nur sinnhaft identifizierte, sondern auch sinngenerierende Gebilde: »Einerseits bilden sich soziale Systeme auf der Grundlage von Sinn als Steuerungskriterium der selektiven Verknüpfung von Elementen und sind insofern sinnkonstituiert. Andererseits ist es sozialen Systemen aufgrund ihrer Kontingenz möglich, neue Relationierungen vorzunehmen, aus diesen neuen Sinn zu schöpfen und insofern sinnkonstituierend zu wirken« (Mingers 1992: 19). Da Sinn als Mittel der Abgrenzung des Systems von der Umwelt veränderbar ist, sind auch die Grenzen zwischen System und Umwelt variabel: »Ein System ist seine Differenz zur Umwelt, ist eine grenzdefinierende, grenzerhaltende Ordnung.« (Luhmann 1975b: 221)

Diese Grenzen haben die »Doppelfunktion der Trennung und der Verbindung von System und Umwelt« (Luhmann 1988b: 52).

Sie stabilisieren das System dadurch, daß sie die Elemente eines Systems gegen die Umwelt abgrenzen. Zugleich lassen diese Grenzen aber auch die Relationen zwischen dem System und seiner Umwelt durch, ermöglichen den Austausch von Informationen und Materie und dienen damit der Wandelbarkeit des Systems. Die Grenzbildung der Umwelt dient »sowohl der Erhaltung des Systems im Sinne der Aufrechterhaltung seiner Identität als auch dem Austausch und der Berührung mit anderen Systemen« (Strohmeier 1991: 31; vgl. Mingers 1992: 19f). Diese Grenzen sind wie Zellmembranen, die gleichzeitig die Zelle abschließen und für Austauschbeziehungen mit anderen Zellen öffnen.

Was passiert jetzt, wenn wir eine idealtypisch gedachte Organisation vorfinden, der es unter Zuhilfenahme der besten Unternehmensberatungen gelungen ist, eine unendliche Menge von Varianz zu produzieren; die, wie es mancherorts gefordert wird, zu einem grenzenlosen Unternehmen geworden ist? Die Grenzen zwischen System und Umwelt wären im wahrsten Sinne des Wortes verschwunden. Der Prozeß der sinnhaften Selektion von Entscheidungen wäre aufgehoben. Die Organisation würde zu einer bloßen Menge kaum zusammenhängender Entscheidungen degenerieren (Luhmann 1988a: 174f). Die Komplexität der Welt würde nicht mehr auf ein intern verarbeitbares Maß reduziert werden; die Orientierungs- und Verarbeitungsleistungen des Systems wären gleich Null (vgl. Exner/Königswieser/Titscher 1987: 270f). Die völlige Abschaffung von Redundanz setzt den Mechanismus der Produktion von Entscheidungen aus sich selbst heraus außer Kraft. Damit verliert die Organisation ihren Abgrenzungsmechanismus gegenüber der Umwelt. Sie fließt sozusagen in die Umwelt hinüber, zergeht im Reich der unbegrenzten Möglichkeiten. Die Umsetzung externer Unsicherheit in interne Unsicherheit droht somit, die Organisation an sich zu zerstören.

Aber auch Organisationen, die sich nicht völligem Wandel verschrieben haben, stehen vor der gleichen Misere, wenn auch weniger fundamental. Es geht dabei – einfach ausgedrückt – um das »Problem« des Verschwimmens der Grenzen zwischen Umwelt und Organisationen; um das Faktum, daß postbürokratische Organisationen nur noch über dünne, durchlässige, poröse Grenzen zur Außenwelt (Peters 1988b: 661) verfügen.[7]

Die Aufnahme von Marktmechanismen in die internen Organisationsprozesse und die Organisierung von Marktprozessen machen die Bestimmung der Grenzen zwischen Organisationen und Umwelt zunehmend schwieriger. Die hierarchische Regulierung von Organisationen war in tayloristisch-bürokratischen Unternehmen das Mittel zur Organisierung interner Prozesse. Umweltbeziehungen fanden über die Marktmechanismen statt. In postbürokratischen Unternehmen gleiten, wie in den vorhergehenden Kapiteln gezeigt, die Mechanismen der intra- und interorganisationellen Kommunikation und Koordination ineinander. Die ständig drohende Selbstauflösung postbürokratischer Unternehmen, das Verschwimmen der Grenzen zwischen Umwelt und Organisation, wird in allen Bereichen der Organisationen konkret, in denen die Mechanismen auf Innovation und Flexibilität umgestellt werden. Dies wird in postbürokratischen Unternehmen in so zentralen Bereichen wie den Beziehungen zu anderen Organisationen, der territorialen Bestimmung der Organisation und der Definition der Organisationsmitgliedschaft deutlich.

In postbürokratischen Unternehmen sind die Beziehungen zu Zulieferern, Kunden, Behörden und der Öffentlichkeit nicht mehr in einem Unternehmensbereich monopolisiert. Dies erlaubt potentiell jedem Mitarbeiter, von diesen offen gestalteten Umweltbeziehungen Gebrauch zu machen. Die in postbürokratischen Unternehmen beliebten Maximen »Unser Ziel ist es, dem Kunden das zu geben, was er braucht, wann er es braucht« (Bell Group) und »If you want things to be done – just do it« (Ploenzke) legitimieren, ja verlangen die Aufnahme von Kontakten mit anderen Organisationen durch die einzelne Mitarbeiterin. Dies erschwert ersichtlich die Grenzziehung der Organisation gegenüber der Umwelt, weil die Umweltkontakte nicht mehr durch klar definierte »Grenzstationen« kanalisiert werden.

Je mehr sich, parallel zu der Auflösung klarer Grenzen, die inneren Strukturen verflüssigen, je labiler das Organisationsgerüst, desto größer wird die Auflösungsbedrohung für das Unternehmen. Die Reaktion auf solche Diffusionserscheinungen – und hier unterscheiden sich Organisationen nicht grundlegend von Staaten – ist in der Regel eine Verhärtung der inneren Strukturen: autoritäre Regelungen, klare Abgrenzung von Zuständigkeiten und stärkere interne Gliederung. Das Dilemma postbürokratischer Organisationen ist, daß diese Reaktionen die Organisation intern stabilisieren, dadurch jedoch die Flexibilitätsanforderungen nicht mehr erfüllt werden können.

Ausdruck der Diffusionsgefahr für postbürokratische Unternehmen ist die zunehmende Schwierigkeit, sich territorial zu bestimmen. Die postbürokratische Unternehmung wird zu einer »Organisation ohne Land«. Die Tätigkeiten in postbürokratischen Unternehmen finden mehr und mehr außerhalb des Stammhauses statt: Die Wertschöpfung der untersuchten Softwarefirma und der Unternehmensberatung geschieht überwiegend »direkt beim Kunden« – außerhalb des Unternehmens. »Außerhalb des Unternehmens« – allein bei der Betrachtung dieses Halbsatzes wird deutlich, wie sehr eine Organisation in der Regel örtlich und territorial bestimmt wird. Im tayloristisch-bürokratischen Zeitalter war eine »Verortung« von Organisation und Mitarbeiterschaft einfach. Der »Arbeitplatz« garantierte, die Mitarbeiterin immer am gleichen Ort zu finden. Die »Stellen« waren die Lokalisierungen der Funktionen im Unternehmen; die Firmen gleichbedeutend mit den Gebäuden, in denen sie produzierten. In postbürokratischen Unternehmen heben sich diese Bestimmungsmöglichkeiten immer mehr auf; die Grenzen eines Unternehmens sind immer weniger geographisch festzumachen.

Parallel zu der wachsenden Schwierigkeit, Organisationen lokal zu verorten, finden wir eine zunehmende Unklarheit, wer zu einer

Organisation gezählt werden kann und wer nicht. Die Definition von Mitgliedschaft und Nichtmitgliedschaft in einer Organisation ist, wie Luhmann schon vor fünfundzwanzig Jahren hervorhob, zentral für die Bestimmung formaler Organisationssysteme (vgl. Luhmann 1969: 395). Die eindeutige Festlegung von Mitgliedschaft gewährleistet Erwartungssicherheit der Mitglieder, der Organisation und der Umwelt. Man kann von Mitgliedern verlangen, daß sie sich bestimmten Rollenerwartungen entsprechend verhalten, und Mitglieder können sich darauf verlassen, daß von ihnen nicht mehr gefordert werden darf, als im Erwartungskatalog (z.B. Stellenbeschreibung) festgelegt wurde. Diese allseitige Erwartungssicherheit löst sich in postbürokratischen Organisationen auf: Die Mitarbeiterin in einer autonomen Fertigungsgruppe kann nicht mehr ohne weiteres zur Gesamtorganisation gezählt werden. Die Managerin in einem Profitcenter muß mit den Mitarbeitern in anderen Profitcentern nicht viel mehr zu tun haben als mit den Angestellten in gänzlich anderen Unternehmen. Der Berater, der auf Honorarbasis für eine Unternehmensberatung arbeitet, kann nicht klar zur internen oder externen Umwelt einer Organisation gezählt werden. Das in tayloristisch-bürokratischen Unternehmen eindeutige Schema »Mitglied oder Nichtmitglied« – zentral für die Bestimmung der Grenzen einer Organisation – wird abgelöst durch zunehmend komplexere Beziehungen von Personen zu Organisationen.

Die ständige Gefahr flexibilitäts- und wandlungsorientierter Organisationsformen, im Reich der unbegrenzten Möglichkeiten aufzugehen, stellt postbürokratische Unternehmen vor ein zentrales Dilemma: Wie kann der Anforderung nach Wandel Rechnung getragen werden, ohne sich nach außen oder nach innen hin aufzulösen? Wie verhindert man in einer der turbulenten Umwelt angepaßten postbürokratischen Unternehmung das Auseinanderlaufen der Organisation? Wie läßt sich organisationsinterne Unsicherheit so reduzieren, daß die Fähigkeit zum Wandel nicht eingebüßt wird? Welche Möglichkeiten der festen Strukturierungen gibt es, die nicht innovationshemmend wirken? Wie können Flexibilität und die zur Systemlenkung nötigen Normierungen vereinbart werden?

Das Flexibilitätsdilemma postbürokratischer Organisationen besteht darin, daß es angesichts der technischen Umwälzungen und rasanten Marktveränderungen kein Zurück zum rein stabilitätsorientierten Unternehmen gibt, aber eine zunehmende Flexibilitätsorientierung das Unternehmen buchstäblich an den Rand seiner Existenzfähigkeit treibt. Statt einer Orientierung auf »Wandel als das einzige Stabile« müssen die neuartigen Unternehmen Wege finden, diesen fast schon gordischen Knoten zu zerschlagen.

## 2. Das Politisierungsdilemma: Machtkämpfe in postbürokratischen Unternehmen

Wenn man der Ploenzke Gruppe und ihrem Management glauben darf, sind die Mitarbeiter und Mitarbeiterinnen »die neuen Machthaber« (Fuchs 1992d: 59) in postbürokratischen Organisationen: »Von (ihnen) hängt das Wohl und Wehe des Unternehmens ab. Der Mitarbeiter ist nicht mehr im traditionellen Sinne ein Arbeitnehmer. Er ist eigentlich Arbeitgeber. Er gibt seine Arbeit, seine Leistung, seine Dienstleistung dem Kunden. Das Leitbild für den Mitarbeiter in der Kommunikationsgesellschaft ist das eines kommunikativen, selbstbewußten, ganzheitlich orientierten, mündigen Menschen, der sein Leben und sein Umfeld aktiv gestaltet.« (Fuchs 1992d: 63) Dieser Aufstieg des Mitarbeiters vom »Tarifarbeitnehmer zum produktiven Leistungspartner« (Scholz/Fischer 1992: 79) führt – jedenfalls in der Wahrnehmung des Managements und der Mitarbeiter – im untersuchten amerikanischen Unternehmen zu egalitäreren Machtverhältnissen. In der Bell Group sind, nach Aussage einer Arbeiterin, alle »gleich – soweit wie möglich in der wirklichen Welt« (Bell Group 1992).

Wenn wir es, wie im vorigen Kapitel diskutiert, schon nicht mit einem revolutionären Wechsel vom Prinzip der Stabilität zu dem der Flexibilität und des Wandels zu tun haben können, bliebe der aufmerksamen Leserin der aktuellen Managementliteratur angesichts solcher Zitate die Hoffnung, daß sich wenigstens die Machtverhältnisse in postbürokratischen Unternehmen revolutionär geändert haben könnten. Es stellt sich die Frage, ob wir es nach der in den vierziger Jahren diagnostizierten »Managerrevolution«, der Abtretung der innerbetrieblichen Macht von den Kapitalbesitzern an die eigentumslosen Manager (vgl. Burnham 1941), nun mit einer »Mitarbeiterrevolution« zu tun haben. Was ist dran an der These von den Mitarbeitern als den »neuen Machthabern« in Unternehmen?

Wenn es sich bei den Mitarbeitern postbürokratischer Unternehmen wirklich um die »neuen Machthaber« handelte; wenn es stimmt, daß die Bell Group, wie Unternehmensleiter Hugh Bell hervorhebt, geprägt ist durch ein »Teilen von Informationen und von Macht« (Bell Group 1992), lägen recht fundamentale Fragen nahe: Weswegen verzichtet das Management, die »alten Machthaber«, plötzlich auf seine zentrale Position, gibt die direkte Kontrolle von Arbeitsprozessen auf und begibt sich dadurch bewußt in Abhängigkeiten von den Angestellten und Arbeitern? Warum entscheidet sich der jahrzehntelange Kampf zwischen Management und Arbeitnehmern um die Kontrolle in den Firmen plötzlich zugunsten der Arbeiterschaft? Warum ist der treibende Motor für diese Entwicklung ausgerechnet das Management? Warum werden die von der Unternehmensleitung lange bekämpften und verhinderten Humanisierungs- und Demokratisierungsbemühungen plötzlich massiv als Teil wirtschaftlicher Rationalisierungsstrategien propagiert?

Schon beim Aufwerfen dieser Fragen werden Zweifel deutlich. Allein aufgrund des Weiterdenkens der Rhetorik postbürokratischer Manager und Unternehmensberater ist Skepsis angebracht, ob wir es wirklich mit einer grundlegenden Veränderung der Machtverhältnisse zu tun haben. Statt der Lösung des Machtproblems zur allgemeinen Zufriedenheit droht, wie wir sehen werden, eine Zunahme von Machtkämpfen in postbürokratischen Unternehmen. Parallel zu dem Flexibilitätsdilemma auf der Organisationsebene gibt es auf der Ebene der Wechselbeziehungen zwischen den Akteuren ein Politisierungsdilemma.

Macht basiert, so das französisch-österreichische Soziologengespann Michel Crozier und Erhard Friedberg, auf der Kontrolle relevanter Unsicherheitszonen (1977: 72; vgl. Friedberg 1988: 42f; Ortmann et al. 1991: 16). Das bedeutet, daß Macht in der inneren Logik mit Drohpotentialen arbeitet: »Im Hintergrund lauert die – implizite oder explizite, oft nur symbolisch angedeutete – Drohung mit Sanktionen« (Ortmann et al. 1991: 16). Dabei kontrolliert selbst das vermeintlich »machtloseste« Glied in einer Organisation Unsicherheitszonen, ist also in der Lage, für seine Interaktionspartner »einen Unterschied zu machen« (Giddens 1982: 197). Die Machtverhältnisse in Organisationen sind asymmetrisch. Macht ist, wie Friedberg (1988: 42) es ausdrückt, ein Kraftverhältnis, »aus dem einer immer mehr als die anderen herausholen kann, in dem aber keiner den anderen völlig ausgeliefert ist«. Macht stellt eine Austauschbeziehung dar, in der eines der beteiligten (psychischen oder organisationellen) Systeme imstande ist, den anderen seine ihn selbst begünstigenden Tauschverhältnisse aufzuzwingen. Dieser »relationale Machtbegriff« (Crozier/Friedberg 1977: 65f) geht von Macht als grundlegender Dimension sozialen Handelns aus. Gerade weil der Mensch frei und relativ autonom ist, bilden sich Machtbeziehungen.

Herrschaftsverhältnisse bilden sich dann heraus, wenn sich Machtbeziehungen verstetigen und stabilisieren. Eine Verstetigung von Machtbeziehungen kann nur über die Verstetigung von Strukturen erreicht werden. Solche Strukturen ermöglichen dem in der Machtbeziehung überlegenen Akteur die Kontrolle neuer Unsicherheitszonen.

Die Dynamik der Machtbeziehungen in fordistisch-tayloristischen Unternehmen bestand in dem Versuch des Managements, die bereits stark strukturierten Machtbeziehungen dafür zu benutzen, neue Unsicherheitszonen der Arbeiter und Arbeiterinnen zu kontrollieren. Mit Bürokratie stand ihm [dem Management] dabei ein hervorragender Multiplikator seiner Macht zur Verfügung. Dies erlaubte dem Management, ein wachsendes Potential physischer, menschlicher und finanzieller Ressourcen zu mobilisieren und zu kontrollieren (vgl. Boudon/Borricaud 1992: 55, in Anlehnung an Weber 1964). Die Gewerkschaften dagegen strebten an, die strukturierten Machtbeziehungen so aufzuweichen, daß ein »freierer« Machtkampf auf der gesamtbetrieblichen Ebene und in den Produktionsstätten möglich war.

Die Arena, in der sich Machtbeziehungen ausbilden, hat sich in postbürokratischen Organisationen geändert. Die Ressourcen, auf die die Akteure in Machtkämpfen zurückgreifen können, sind einem rapiden Wandel unterworfen.[9] Die Auseinandersetzung über die Kontrolle von Unsicherheitszonen gestaltet sich in postbürokratischen Unternehmen grundsätzlich anders als in tayloristisch-fordistischen bzw. bürokratisch-hierarchischen Unternehmen. Ein diffuses, unübersichtliches Machtgefüge löst mehr und mehr die herkömmliche Machtauseinandersetzung zwischen Kapital- und Arbeitnehmervertretern ab.

### *Für Machtkämpfe relevante Unsicherheitszonen*

Sowohl in traditionell-hierarchischen als auch in postbürokratischen Unternehmen lassen sich drei Arten von Unsicherheitszonen ausmachen, deren Kontrolle in organisationsinternen Machtkämpfen eine wichtige Rolle spielt.[10] Die erste zentrale Ressource, die in impliziten oder expliziten Machtspielen in Organisationen eingesetzt werden kann, ist die Kontrolle der Beziehungen zur Umwelt (vgl. Scott 1986: 355f; Deutschmann 1989: 375). Die Kontrolle der Umwelt-Organisations-Beziehungen ist ganz besonders dann von fundamentaler Bedeutung, wenn diese einem ständigen Wandel unterworfen sind (oder durch die Akteure einem Wandel ausgesetzt werden könnten). Die Strategie tayloristisch-fordistischer Unternehmen, den Produktionskern gegen mögliche Umwelteinflüsse abzuschotten, hatte nicht nur zum Ziel, im Produktionskern eine effiziente, »rationalen« Kriterien unterworfene Produktion zu gewährleisten, sondern auch, den Arbeitern einen Trumpf in organisationsinternen Machtkämpfen zu rauben: die Kontrolle von Umweltbeziehungen. Wie gezeigt, ist in postbürokratischen Unternehmen diese Trennung von Produktionskern und auf die

Umweltbeziehungen spezialisierten Funktionsbereichen nicht mehr möglich. Das bedeutet, daß ein Arbeiter, der intensive Beziehungen zu einem Zulieferer entwickelt, genauso wie der Angestellte, der über persönliche Kontakte zu einem zentralen Kunden verfügt, wichtige Trümpfe in organisationsinternen Aushandlungsprozessen in der Hand hält. Die beiden untersuchten Beratungsfirmen würden bei der Kündigung einer Mitarbeiterin nicht nur ihre – mit hohen Investitionskosten geschaffenen – Qualifikationen verlieren, sondern auch das Verbindungsglied zu bestimmten Kunden.

Die zweite relevante Unsicherheitszone, die es zu kontrollieren gilt, sind die intraorganisationellen Abläufe, also die Informations- und Kommunikationsflüsse, die Art und Weise, wie Strukturen ausgebildet und Entscheidungen gefällt werden. Ein zentraler Grund, weswegen das deutsche Mitbestimmungsgesetz von fordistisch orientierten Managern als Affront wahrgenommen wurde, lag in der Tatsache, daß ihnen die totale formale Kontrolle über die intraorganisationellen Abläufe wenigstens teilweise entzogen wurde. Angesichts der zunehmenden Flexibilitätsanforderungen setzt sich im Management jedoch zunehmend die Erkenntnis durch, daß es auf die vollständige Beherrschung der Organisationsprozesse verzichten muß. So fordert Ploenzke-Manager Fuchs, daß »die an der Spitze … vertrauen lernen« müssen (Lentz 1992).

Unabhängig davon, ob »die an der Spitze« den Wandel von der »Mißtrauens- zur Vertrauensorganisation« (Bleicher 1992a: 172) wollen oder nicht, werden sich die intraorganisationellen Informations- und Kommunikationsflüsse und der Prozeß der Entscheidungsfindung immer mehr dem Management entziehen. Die festere Strukturierung intraorganisationeller Abläufe würde zum Einbüßen der überlebensnotwendigen Innovationsfähigkeit führen. So entgleiten immer mehr Organisationsprozesse der formalisierten Kontrolle durch das Management. Menschen zu kennen, Beziehungen zu haben und als informeller Führer akzeptiert zu werden, alles Kriterien, die das deutsche Softwarehaus seinen Mitarbeitern offiziell zugesteht (Schnorbus 1991), bedeutet, daß die Mitarbeiter auch verstärkt die intraorganisationellen Prozesse beherrschen werden. Diese Entwicklung wird daran deutlich, daß in postbürokratischen Unternehmen die Mitarbeiter und Mitarbeiterinnen selbst die früher in den Personalabteilungen monopolisierten Funktionen übernehmen: die Entscheidungen über Einstellung, Entlassung, Entlohnung und Beförderung. Aus marxistischer Sicht war besonders die Entscheidung über Ein- und Austritt in die Organisation – der Kauf der Ware Arbeitskraft – zentral für die Machtposition des Managements, weil dieser damit eine zentrale Unsicherheitszone kontrollierte (vgl. dazu Martens 1989: 135). Je mehr diese zentralen Aufgabenbereiche – wie zum Beispiel im amerikanischen und im holländischen Unternehmen – von den Mitarbeitern übernommen werden (sollen/müssen), desto mehr verlagert sich das Machtgefüge in den Unternehmen.

Eine dritte zentrale Machtressource ist Qualifikation, ausgedrückt zum Beispiel durch fachliche Kompetenzen, Talente und Lernbereitschaft. In tayloristischen Unternehmen bestand die Managementstrategie darin, durch Zerteilung der Arbeit die Mitarbeiter zu dequalifizieren (vgl. Braverman 1974) und damit diese Unsicherheitszone zu kontrollieren. Diese Strategie zielte darauf, den in der Organisationssoziologie so berühmten Wartungsarbeiter in der Tabakindustrie seiner zentralen Machtposition zu berauben. Die für die Wartung zuständigen Arbeiter in einer von Crozier vor über dreißig Jahren untersuchten Tabakfabrik waren die heimlichen Herrscher, weil sie die zentrale Unsicherheitszone kontrollierten: Das plötzliche Versagen der Maschine war das einzige Ereignis, das nicht vorhergesagt werden konnte und auf das sich allgemein formulierte Regeln nicht anwenden ließen. Die für die Wartung zuständigen Mitarbeiter waren die einzigen, die dieses Problem beheben konnten. Sie konnten von niemandem kontrolliert werden, weil niemand verstand, was sie taten (vgl. Crozier 1964: 109). Die Bestrebungen eines tayloristischen Unternehmens zielten darauf ab, auch diese letzte Unsicherheitszone eines Tages durch weitere Dequalifizierungsmaßnahmen den Arbeitern entziehen zu können.

In dem Moment jedoch, wo es aufgrund hoher Umweltturbulenzen notwendig wird, Qualifikationen in die Hände einzelner Mitarbeiter zusammenzuziehen, muß eine solche Dequalifizierungsstrategie versagen. Wir finden – ganz im Gegensatz zu der vom amerikanischen Ökonomen Harry Braverman vorausgesagten Entwicklung – in postbürokratischen Unternehmen eine starke Tendenz zur Qualifizierung von Mitarbeitern durch Job-enrichment (Arbeitsbereicherung) und Job-enlargement (Arbeitserweiterung). Ziel ist, daß diese ein möglichst breites Spektrum von Tätigkeiten beherrschen. Die Mitarbeiter werden nicht mehr nach den Arbeiten bezahlt, die sie ausüben, sondern aufgrund der Arbeiten, die sie in der Lage sind auszuüben. Nur durch diese Formen der Qualifizierung kann die Organisation sicher sein, daß die Mitarbeiter für alle anfallenden Anforderungen gewappnet sind. Gleichzeitig wird aber auch der Wartungsarbeiter in der Tabakindustrie von der vom Management geduldeten Ausnahme zum Regelfall.

### *Das Ende kollektiver Vertretung?*

In postbürokratischen Unternehmen fällt die Kontrolle verschiedener Unsicherheitszonen immer mehr den Mitarbeitern und Mitarbeiterinnen zu. Damit allein findet aber noch keine grundsätzliche Umverteilung der Machtressourcen statt. Die Macht des Managements in tayloristisch-bürokratischen Unternehmen basierte nur zu einem Teil auf der Kontrolle einzelner Unsicherheitszonen. Vorwiegend bestand sie in einer spezifischen Verkettung der kontrollierten Unsicherheitszonen. Nur wenn es dem Management gelang, die nötigen Qualifikationen aus den Arbeitern herauszuziehen und über inner- und zwischenorganisationelle Prozesse zu verknüpfen, konnte der Einfluß der einzelnen Arbeiter minimiert werden.

Die gewerkschaftliche Bewegung als die kollektive Vertretung der Arbeiter und Arbeiterinnen hat einen doppelten Entstehungshintergrund: Einerseits entstanden Gewerkschaften aus der Erkenntnis, daß es für Mitarbeiter in Unternehmen keine Möglichkeiten geben wird, in den Verknüpfungszusammenhang einzelner Unsicherheitszonen einzugreifen. Lediglich die kollektive Organisation der verschiedensten Arbeitsbereiche konnte dem Machtpotential des Managements etwas entgegensetzen. Andererseits ermöglichte die kollektive Bündelung von Interessen der Mitarbeiter eine Kanalisierung von Konflikten in Unternehmen. Gehälter wurden pauschal für alle Tarifarbeitnehmer ausgehandelt, Streitigkeiten unter Einbeziehung der Gewerkschaft auf formalisierte Weise gelöst. Kollektivvertretungen der Arbeitnehmerschaft spielten so – jedenfalls in der moderaten deutschen Variante – in Unternehmen sowohl eine konfliktuelle (Bündelung von Protesten) als auch eine entlastende (Kanalisierung von Konflikten) Rolle.

Diese Doppelfunktion von Gewerkschaften löst sich in den neuen Unternehmensformen auf. Das Gefühl der individuellen Machtlosigkeit – Ausgangspunkt der kollektiven Organisierung von Interessen – nimmt bei den Mitarbeitern postbürokratischer Unternehmen ab. Der gewerkschaftliche Organisationsgrad geht gegen Null. Das amerikanische Unternehmen ist nicht »unionized«. In der Managementberatungsfirma finden sich keine Gewerkschaftsmitglieder. Das holländische Unternehmen erhielt eine Ausnahmegenehmigung des Arbeitsministeriums und darf aufgrund des innovativen Charakters ohne Betriebsrat agieren (Stephan 1992: 21; Endenburg 1992a: 142f). In den Worten Otmar Donnenbergs (1989: 2), eines Beraters von Endenburg, war der Betriebsrat durch die Neugestaltung des Unternehmens schlichtweg »überflüssig« geworden. Lediglich das deutsche Softwarehaus verfügt über einen Betriebsrat, der aber eher Personalaufgaben übernimmt, als sich selbst als Vertretungsorgan »gegenüber« der Geschäftsleitung zu verstehen. So zitiert der Unternehmensgründer »seinen« Betriebsrat, und der ehemalige Betriebsratsvorsitzende publiziert gemeinsam mit einem Geschäftsführer – eine Harmonie zwischen Betriebsrat und Geschäftsleitung, die man sonst wohl nur aus der chemischen Industrie kennt. Die Betriebsratsmitglieder wandeln sich zu hochqualifizierten Referenten für Systemprobleme (Schmidt 1990: 12).

Wenn sich die in den postbürokratischen Unternehmen zu beobachtenden Tendenzen verstetigen sollten, wird es für kollektive Interessenvertretungen kaum noch Anknüpfungspunkte in den Unternehmen geben. Gewerkschaften befinden sich in einer paradoxen Situation: Partizipation und betriebliche Mitbestimmung, alte Gewerkschaftsforderungen, führen in dem Moment, in dem sie konsequent umgesetzt werden, zu einer Auflösung des gewerkschaftlichen Zusammenhanges. Die Abschaffung des Taylorismus, seit über einem halben Jahrhundert eines der Hauptziele der Arbeitnehmervertretungen, ist gleichzeitig (eine) Ursache für die fundamentale Krise der Gewerkschaften (vgl. Sainsaulie/Segrestin 1986: 343). Aber können Mitarbeiterschaft und Management postbürokratischer Unternehmen es sich leisten, auf kollektive Vertretungsorgane zu verzichten? Anders ausgedrückt: Verfügt die einzelne Mitarbeiterin bereits über eine ausreichende, individuelle Kontrolle von Unsicherheitszonen? Gibt es neue Konfliktregulierungsmechanismen, die die Kanalisierung von Auseinandersetzungen überflüssig machen?

Zugestanden – in postbürokratischen Unternehmen kontrollieren die einzelnen Mitarbeiter immer stärker einzelne, abgetrennte Unsicherheitszonen. Aber die Verknüpfung der separaten, isolierten Unsicherheitszonen ist dadurch noch lange nicht dem Management aus der Hand genommen. »Führungskräfte« haben jedenfalls in den von mir untersuchten Unternehmen noch immer eine zentrale Bedeutung. Was beim deutschen Softwarehaus »Führen als Service für die Mitarbeiter« genannt wird, scheint nicht zuletzt auch die Legitimation für die Kontrolle des Ensembles der Unsicherheitszonen durch das Management zu sein. Neue Unternehmen, so Fuchs, kann man mit einer Autobahn vergleichen, auf der die Mitarbeiter in eigener Verantwortung fahren. Führungskräfte sorgten für die Infrastruktur: »Sie betreiben die Tankstellen und Raststätten. Sie geben den Mitarbeitern Orientierungshilfe, indem sie die Unternehmensvision täglich lebendig werden lassen. Sie sind gelegentlich die ›gelben Engel‹ und greifen auch ein, wenn gegen den Paragraphen 1 der ›Straßenverkehrsordnung‹ verstoßen wird.« (Fuchs 1992d: 48f)

Autofahrer, so ließe sich dieses Bild fortführen, verfügen über die Kontrolle von Unsicherheitszonen: Sie besitzen – jedenfalls in der Regel – die Erlaubnis und die Qualifikation, ein Auto zu führen, kommunizieren hoffentlich aggressionslos und unfallfrei mit anderen Verkehrsteilnehmern und interagieren mit ihrer sehr realen Umwelt durch den Verbrauch von Sauerstoff und die Abgabe von Abgasen und Lärm. Aber durch diese Kontrolle von unterschiedlichen Unsicherheitszonen haben sie noch lange nicht die Kontrolle über sich selbst, geschweige denn über die Autobahn. Diese liegt vielmehr bei denjenigen, die das Ensemble der Unsicherheitszonen beherrschen.

Für eine wirkliche Machtübernahme der Mitarbeiter – eine Revolution – müßte diese Gesamtheit von Unsicherheitszonen kontrolliert werden. Anhand eines der untersuchten Unternehmen mit sehr fließenden Übergängen im Produktionsprozeß wird der Prozeß einer wirklichen Machtübernahme sehr deutlich. Erst wenn es den Beratern in der deutschen Beratungsfirma gelingt, alle drei Unsicherheitszonen zu beherrschen, übernehmen sie letztlich Managementfunktionen im Unternehmen. Dabei gibt es zwei Strategien. Die eine, bescheidenere Strategie basiert darauf, die drei Unsicherheitszonen in einer Person zusammenzuziehen und damit eine unangreifbare Position innerhalb des Unternehmens zu erhalten. In dem Moment, wo man einen eigenen Kundenkreis hat, die intraorganisationellen Abläufe auf die Bedürfnisse dieser Kunden hin organisieren kann und ausreichende Qualifikationen mitbringt, ist die eigene Position schwer angreifbar. Man selbst hat aber nur wenige Chancen, in die Arbeiten der Kollegen hineinzuwirken und den Kurs des Gesamtunternehmens zu beeinflussen. Die zweite, aggressivere Strategie basiert darauf, die Verknüpfungen der Unsicherheitszonen der Gesamtorganisation zu beherrschen, also Einfluß auf die Umweltbeziehungen, die Qualifizierungen und die intraorganisationellen Abläufe zu nehmen.

Es zeigt sich in allen vier Unternehmen, daß die Verknüpfung der Kontrolle der einzelnen Unsicherheitszonen zentral für eine grundsätzliche Verschiebung der Machtverhältnisse ist. So hat in dem amerikanischen Unternehmen trotz aller Fortschrittlichkeit noch keine »Übernahme« des Unternehmens durch die Mitarbeiter stattgefunden. Die Qualifikationen für die Arbeiten sind noch nicht so hoch spezialisiert, daß die Arbeiter nicht austauschbar wären. Die Umweltbeziehungen laufen zwar über die einzelnen Mitarbeiter, werden aber gleichzeitig über einen Zentralrechner verwaltet. Der einzelne von 70000 Kunden ist dabei auch nicht so wichtig, daß es tragisch wäre, wenn er mit einem Mitarbeiter verlorenginge. Diese beiden – aus der Mitarbeitersicht schlechten – Ausgangspositionen sind auch nicht so verknüpft, daß die Verknüpfungen von den Arbeitern kontrolliert werden. Deshalb haben die Arbeiter keinen starken Stand in den organisationsinternen Machtkämpfen.

Daß kollektive Vertretungsorgane aufgrund der Individualisierung der Konfliktregulierungen an Bedeutung verlieren, gleichzeitig aber die in der Managementliteratur versprochene Machtübernahme durch die Mitarbeiter nicht stattgefunden hat, verkompliziert für alle Beteiligten die »Machtspiele« in postbürokratischen Unternehmen. Die Sicherheit, daß sich Konflikte im Unternehmen in der Regel entlang der Spaltung von Arbeitnehmerschaft (vertreten durch den Betriebsrat) und Management (Unternehmensleitung) entwickeln, wird abgelöst durch die Unsicherheit ungeklärter Macht- und Konfliktbeziehungen. Mit der Auflösung kollektiver Vertretungen, einem ehemals zentralen Instrument zur Kanalisierung von Auseinandersetzungen, verlieren nicht nur die Mitarbeiter einen wichtigen Schutz in intraorganisationellen Konflikten, sondern auch die Unternehmensleitung muß auf ein wichtiges Mittel zur gesamtorganisationellen Regulierung von Konflikten verzichten.

### *Politisierung des Unternehmensalltags*

»Je mehr das alte System von Law-and-Order außer Kraft gesetzt wird; je mehr die Gesellschaft zu Individualität und Selbstregulation strebt – desto mehr Absprachen über neue, selbstentworfene Umgangsregeln sind notwendig.« Diese Entwicklung, so betont Eberhard Schnelle von der Firma Metaplan, betrifft alle Bereiche: »Der Preis für mehr Individualität wird eine erhöhte Konfliktbereitschaft sein, der Lohn Flexibilität und Konkurrenzfähigkeit.« (Schnelle 1989: 7) »Erhöhte Konfliktbereitschaft« heißt übersetzt in die harte Realität des Organisationsalltags nichts anderes als Zunahme von Machtkämpfen. Eine Enthierarchisierung und Entstrukturierung führt dazu, daß Macht sich in voller Blüte entfalten kann, da sie nicht mehr in Hierarchien kristallisiert und durch feste Strukturen reguliert wird. Das, was Crozier und Friedberg (1977: 92) – meiner Meinung nach zu generell – für alle Organisationen feststellen (vgl. Kritik bei Girschner/Sofsky/Paris 1985), wird zweifelsohne in postbürokratischen Unternehmen Wirklichkeit: Dadurch, daß es keine stabilen Herrschaftsgefüge gibt, werden alle Machtprozesse in mehr oder minder offenen Auseinandersetzungen aufgelöst. Die Organisation ist letztlich nichts weiter als eine Welt des Konflikts.

Sachentscheidungen werden in postbürokratischen Unternehmen immer mehr politisiert. Bei dieser Politisierung kommen drei Entwicklungen zusammen. Erstens führt die Enthierarchisierung dazu, daß es keine vertikal oder horizontal eindeutig definierten Strukturen mehr gibt. Von daher ist prinzipiell jede Entscheidung von jedem kritisierbar und in Frage zu stellen. Es gibt keinen Einfluß durch Positionen mehr, sondern – bestenfalls – Einfluß durch bessere Argumente. Zweitens führt, wie Rammert und Wehrsig (1988: 317) überzeugend nachweisen, die Vereinheitlichung der Informationsbasis in Unternehmen zu einem Politisierungsrisiko: »Sowohl entscheidungsrelevante Informationen wie auch Kommunikation von Entscheidungen selbst drohen mehrdeutig zu werden. Für beide Sachverhalte gilt nämlich in zunehmendem Maße, daß sie einer interessenoffenen Interpretation durch die beteiligten Akteure ausgesetzt sind.« Da aber die Wahrnehmung von Informationen durch verschiedene Akteure aufgrund unterschiedlicher »begrenzter« bzw. »lokaler« Rationalitäten (Cyert/March 1963; March/Olsen 1976; vgl. Rammert/Wehrsig 1988: 317) beeinflußt wird, werden Entscheidungen gefällt, für die sich zwar andere ebenfalls zuständig fühlen, deren Informationsgrundlage sie jedoch bezweifeln können. Drittens kommt es zu einer zunehmenden Politisierung durch die ständigen Innovationen in postbürokratischen Unternehmen. Jede Innovation droht das diffizile Machtgleichgewicht einer Organisation umzuwerfen (Bosetzky 1978: 222). Innovationen produzieren neue Unsicherheitszonen und machen andere Unsicherheitszonen weniger relevant. Es ist nicht gesagt, daß die neuen Unsicherheitszonen von den gleichen Personen kontrolliert werden, die die alten Unsicherheitsbereiche beherrschten. Insofern führt die Entwicklung und Einführung von Innovationen immer zu einer Verunsicherung und damit Politisierung der Organisation.

Diese Politisierungstendenzen werden häufig begleitet durch eine Tabuisierung von Macht in Unternehmen. In der Selbstwahrnehmung wenigstens einiger postbürokratischer Unternehmen ist die Abschaffung oder Reduzierung von Hierarchie gleichbedeutend mit der Abschaffung von Macht und Machtkämpfen. Gerard Endenburg führt die »Machtspiele«, die es in seinem soziokratischen Unternehmen noch gebe, darauf zurück, daß seine Mitarbeiter durch ein Umfeld autokratischer und demokratischer Entscheidungsstrukturen geprägt werden. Er hofft jedoch, daß sich diese Probleme durch »Gewinner-Gewinner-Spiele« in seinem Unternehmen auflösen werden. Bei Prométhée, einem großen französischen Unternehmen für Softwareanwendung, führte die Enthierarchisierung und Dezentralisierung dazu, daß weder Machtspiele noch Probleme offen thematisiert werden konnten. Prométhée entwickelte Unternehmensprinzipien, nach denen jeder Mitarbeiter seine Arbeit autonom verrichtet und Koordination auf freundschaftliche, nicht hierarchische Weise erfolgt. Die auf den ersten Blick positive Unternehmensatmosphäre führte jedoch zu einer Art »Selbstzensur« (Berebbi-Hoffmann 1990: 11): Probleme und Machtkonflikte wurden tabuisiert. Der Selbst- und Fremdanspruch, daß man Probleme autonom löst und man das gute Unternehmensklima nicht durch unnötige Spannungen gefährden dürfe, führte dazu, daß Machtverhältnisse und Schlüsselprobleme nicht mehr kommunizierbar waren.[11] Diese Erfahrungen bei Prométhée dekken sich mit meinen Beobachtungen in einem der von mir untersuchten Unternehmen, wo die extrem flache und nicht verbal fixierte Hierarchie zu einer Reduzierung auf positive, bestätigende Kommunikation geführt hat. Theoretisch gesprochen handelt es sich um eine Schutzreaktion auf das Politisierungsdilemma. Die ständige, latente Gefahr für postbürokratische Unternehmen, an ungebändigten Machtkämpfen zugrunde zu gehen, hat zur Folge, daß in einer Gegenbewegung zentrale Probleme und Machtbeziehungen mit einem Mantel des Schweigens verhüllt werden. Gerade weil Macht und Machtprozesse durch Entstrukturierungen so zentral geworden sind, können sie nicht mehr thematisiert werden.

In Projekt- und teilautonomen Fertigungsgruppen kann man den Politisierungsprozeß bei gleichzeitiger Tabuisierung von Macht auf der Ebene der Subeinheiten von Organisationen beobachten. Besonders in ad hoc eingesetzten Projektgruppen gibt es, wie der Arbeitssoziologe Jörg Bergstermann (1990: 90) feststellt, keine eigenen Traditionen und Routinen oder gar formalisierte Pfade der Auseinandersetzung. In Fertigungsgruppen gibt es zwar Routinen, aber keine formalisierten Regeln für die intraorganisationelle Kooperation und Kommunikation. Schon in den schwedischen, norwegischen und jugoslawischen Betriebsdemokratie- und Selbstverwaltungsexperimenten war, wie Dieter Fröhlich (1983: 539; vgl. Deutschmann 1989) beobachtete, die mangelnde institutionelle Regelung der Machtausübung das Hauptproblem: Aufgrund der offiziellen Gleichberechtigung und der Vertraulichkeit der Gruppenbeziehungen bekommt Macht einen diffusen, unkontrollierbaren Charakter. Es kann in den enthierarchisierten Kontexten postbürokratischer Unternehmen leicht zum Versagen der gruppen- oder organisationsinternen Regulierungsmechanismen kommen. Aber gerade aufgrund des diffusen Charakters von Macht – der Unmöglichkeit, machtvolle Personen über formale Merkmale zu bestimmen und zu benennen – ist Macht nicht oder nur noch schwer erkenn- und thematisierbar.

Die Politisierungstendenzen verschärfen sich, je weniger die Gruppen- und Organisationsmitglieder auf ein Ziel hin integriert werden können und je weniger Instrumente zur Verfügung stehen, um sie auf ein zentral verordnetes Ziel einzuschwören. Jede Form von Organisation wird, wie Friedberg (1988: 39) beobachtet, ständig durch die begrenzte Rationalität des Verhaltens der Mitglieder gefährdet. Die beschränkte oder begrenzte Rationalität, ein vom Wirtschaftsnobelpreisträger Herbert A. Simon stammender Terminus, verweist darauf, daß Organisationsmitglieder außerstande sind, sich an einer allumfassenden Rationalität zu orientieren. Sie entwickeln statt dessen lokale, ihrem Wissens- und Bewußtseinsstand angepaßte Handlungslogiken. Weiterhin verfügen die Mitglieder einer Organisation immer über einen eigenen Freiraum, den sie zu verteidigen und auszuweiten suchen. Dadurch drohen sie ständig die Organisationszusammenhänge zu untergraben. Ferner wird die Legitimität der Organisationsziele durch die eigenen Interessen, Ziele und Wertsetzungen der Organisationsmitglieder ständig geschwächt und in Frage gestellt. (Friedberg 1988: 39)

In postbürokratischen Organisationen verschärft sich das Problem, da Dezentralisierung und Profitcenter sowie die Betonung der Individualität und Autonomie der Mitarbeiter die Ausbildung von lokalen und begrenzten Rationalitäten begünstigen. Gleichzeitig stehen nicht mehr die bewährten Mittel zur Verfügung, um die begrenzten Rationalitäten der Organisationsmitglieder auf das Organisationsziel hin zu kanalisieren. Wir haben es deshalb in postbürokratischen Unternehmen häufig mit einer Extremform der Problemlösung zu tun: Die Interessen und Rationalitäten der einzelnen Organisationsmitglieder sind stark ausdifferenziert. Eine Arena der Konfliktaustragung ist nicht fixiert, und die Akteure können aufgrund ihrer Qualifikationen und ihrer Umweltbeziehungen mit der Auslagerung von Entscheidungen drohen. Im Gegensatz zu Konstellationen, wo ein gesicherter Konsens über die gemeinsame Zielsetzung und die Kooperationsregeln erzielt oder wenigstens im Rahmen von Prozeßregeln ein »Konsens fabriziert« (vgl. Buroway 1979) werden kann, gibt es in hochpolitisierten Unternehmen kaum anerkannte Spielregeln, und der Konflikt überdeckt häufig die Problemdefinition.

Bei einem der von mir untersuchten Unternehmen hat sich das ganze Unternehmen aufgrund von nicht gelösten Konflikten formal in zwei Teile geteilt, die nur noch rudimentär miteinander kommunizieren. Diese »Differenzierung aufgrund von Politisierung« hat in politischen Organisationen schon häufig stattgefunden, wo inhaltlich unterschiedliche Positionen häufig lediglich persönliche Animositäten legitimieren. Solche Differenzierungsprozesse werden in Unternehmen jedoch erst möglich, wenn die durch Enthierarchisierung begünstigten Politisierungsprozesse von der Organisation nicht aufgefangen werden können. Henry Mintzberg illustriert die Gefahren postbürokratischer Unternehmen eindrucksvoll: »Keine Struktur ist darwinistischer, keine fördert mehr den Fitten – solange er fit bleibt –, und keine ist verheerender für den Schwachen. Die verflüssigten Strukturen begünstigen die inneren Konkurrenzen und sind manchmal Nährboden für heftige Machtkämpfe. Die Franzosen haben eine bildhafte Beschreibung für solche Prozesse: un panier de crabes – ein Korb voller Krebse; alle kneifen sich, um höher oder gar herauszukommen.« (1979: 462)

## 3. Das Komplexitätsdilemma: Die komplizierenden Vereinfachungsstrategien

British Petroleum (BP) steht sicherlich nicht in Verdacht, ein postbürokratisches Unternehmen par excellence zu sein; wird das Unternehmen in der Regel doch eher mit einem schwerfälligen Schlachtschiff der fünfziger Jahre als mit einem flexiblen, wendigen Flottillenverband des ausgehenden zwanzigsten Jahrhunderts assoziiert. Das soll sich, jedenfalls nach Vorstellung des Vorstandsvorsitzenden von BP, Robert Horton, bald ändern. Unter dem Namen »Project 1990« propagiert er eine Reduzierung der Komplexität im gesamten Konzern: weniger Bürokratie und Hierarchie, ein »schlankes« und wandlungsfähiges Hauptquartier und aktionsorientierte Teams, die sich netzartig verknüpfen. Die Entscheidungswege werden vereinfacht, und Verantwortung liegt zukünftig bei Individuen und nicht mehr bei den vorher allgegenwärtigen »Committees«. Letztere werden genauso wie die kontrollierenden Managementebenen größtenteils aufgelöst. Glaubt man Robert Horton, dann ist BP dabei, sich von organisationsinterner »Komplexität, Bürokratie und Unsicherheit« zu lösen und zukünftig auf »Einfachheit, Teamarbeit und Vertrauen« zu setzen. (Horton 1990: 27)

Was sich bei BP andeutet – der vermeintliche Abschied von Komplexität –, ist auch bei postbürokratischen Unternehmen als

Neigung festzustellen. Trotz grundsätzlicher Unterschieder in ihrer Organisationsform stimmen traditionelle und postbürokratische Unternehmen in einem überein: in der enormen Sorge, durch ein Zuviel an Komplexität erschlagen zu werden. Ob postbürokratisch oder nicht, die wachsenden äußeren und inneren Turbulenzen werden von den einzelnen Mitarbeitern und Mitarbeiterinnen als zunehmende, manchmal kaum zu ertragende Komplexität wahrgenommen. Manager fühlen sich überwältigt von dem Zuviel an Informationen und den raschen Veränderungen. In traditionellen Unternehmen flüchten sich »einfache« Mitarbeiter angesichts des wachsenden Problemdrucks und einander widersprechender Anforderungen in die trügerische Hoffnung, daß die da oben schon alles unter Kontrolle haben. Sie hängen der Illusion an, daß jemand die detailreiche Komplexität von der Spitze aus meistern könnte (vgl. Senge 1990; Freedman 1993: 30f). Aber gerade die an der Spitze fühlen sich durch die komplexen Situationen überfordert. Deren Berater – allen voran McKinsey – sehen in »Überkomplexität« gar eine »tödliche Gefahr« für Unternehmen (Roever 1991a).

Unter den Begriffen »Komplexitätstreiber« und »Überkomplexität« hat sich in den letzten Jahren im Management ein Schreckgespenst ausgebildet. Organisationsberater unterschiedlichster Couleur empfehlen, diesem organisatorisch-strukturellem Ungeheuer möglichst schnell den Garaus zu machen. Die Angriffspunkte scheinen erkannt: zu komplexe Produktionsabläufe, zu große Produktvielfalt, zu lange Wertschöpfungsketten und zu starke Zentralisierung. Den Unternehmen wird empfohlen, sich durch Simplifizierungskampagnen wenigstens von den prominentesten »Komplexitätstreibern« – der hochgradig arbeitsteiligen Organisation, der zu großen Produktpalette und der überzogenen Automatisierung – freizumachen. Die gleichen Manager und Wissenschaftler, die vor einigen Jahren noch die Ausweitung des Leistungsangebotes zur Gewinnung von Synergieeffekten und als Absicherung gegen Marktturbulenzen gepredigt haben (vgl. Warnecke 1992: 105f), fordern jetzt, die überkomplexen und schwerfälligen Unternehmen auf Figur zu trimmen.

Glaubt man den führenden internationalen Beratungsfirmen, dann ist eine der Hauptherausforderungen für die Unternehmen des 21. Jahrhunderts, dem Kunden einen optimalen Service zu bieten, ohne dabei zu einer riesigen, hochkomplexen Organisation zu werden. Um die eigenen Kunden auf das Problem »Überkomplexität« aufmerksam zu machen, erfanden die Berater von McKinsey gar einen neuen Kostenfaktor in Unternehmen: »Komplexitätskosten«. Je nach Anzahl der Produkte, der Aufgabenpalette, der Produktionsflüsse und der Art der Lagerhaltung lägen die Komplexitätskosten zwischen 10 und 40 Prozent der Gesamtkosten (Child et al. 1991: 73). »Komplexitätsprobleme« werden all den Unternehmen attestiert, die Roh- und Verpackungsmaterialen überwiegend nur für ein Produkt benutzen, über ein großes Lager verfügen, viel Zeit für die Produktentwicklung brauchen, mit mehreren unabhängigen Informationssystemen arbeiten, aus isolierten funktionalen Gruppen aufgebaut sind und aus mehr als fünf Hierarchieebenen bestehen.

»Komplexitätsoptimierung«, »Right-sizing« oder »Re-engineering« heißen die Therapievorschläge, mit denen die Managementberater der vorher von ihnen erkannten Komplexitätskosten Herr werden wollen. Mit Hilfe dieser Worthülsen wird zur Zeit alles angepriesen, was bei europäischen und amerikanischen Managern Aufmerksamkeit verspricht: Durch einen Hierarchieabbau werden die Entscheidungswege verkürzt. Erfolgskritische Unternehmensprozesse werden im Rahmen von »Turbo-Marketing« und »High-Speed-Management« »turbo-beschleunigt«. Center-Konzepte ermöglichen den Abbau von Fixkostenblöcken und erhöhen das Kosten- und Erlösbewußtsein. Statt Verzettelung konzentriert man sich auf Kernkompetenzen und Schlüsselprodukte. Mit Outsourcing wird die Fertigungstiefe verringert (vgl. Reiss 1992: 57).

Als effektivster und effizientester Hebel zur Reduktion von Komplexität wird vielerorts Lean Management angepriesen. Für Manager in Deutschland und den USA scheint dies die mit Abstand verlockendste Fitneßmethode zu sein. Lean Management strebt in seiner Gesamtstrategie einen systematischen Abbau von

Absicherungsmaßnahmen (Puffern) bei gleichzeitigem Einsatz robuster, einfacher Lösungen mit hoher Prozeßsicherheit an. Perfektionistisch in seiner Grundkonzeption, visiert Lean Management – übrigens genauso wie Bürokratien auch – die Vorwegfürsorge für alle denkbaren Fälle an.

Eine Verringerung der Teilevielfalt und die Auslagerung von Produktionsschritten sollen die organisationsinterne Komplexität reduzieren. Unter dem Schlagwort Outsourcing gibt man ehemals interne Betriebsfunktionen an externe Dienstleister und Zulieferer ab. Es wird weniger selber gemacht, mehr eingekauft. Dadurch will man Komplexitätsprobleme, wie ständigen Technologiewandel, Personalknappheit und Qualifizierung, nach außen abgeben. Das Unternehmen konzentriert sich auf das Kerngeschäft, wo es den höchsten Return on investment erwartet. Das eigentliche Produkt wird in Modulbauweise zusammengebaut. Die Module werden von Systemlieferanten vorgefertigt und just in time angeliefert.

Null-Fehler-Vorgaben für die Zulieferer und Mitarbeiter und ein auferlegter ständiger Verbesserungsprozeß sollen die Logistik und den Produktionsprozeß vervollkommnen. Die Verantwortung für die Perfektionierung wird dabei nicht mehr wie im Taylorismus aus der unmittelbaren Fertigung ausgelagert, sondern im Gegenteil unter Beteiligung aller Mitarbeiter und Zulieferer in den Produktionsprozeß integriert. Das »Kaizen« der Arbeitnehmer und Arbeitnehmerinnen ist dabei ein hochstandardisierter und formalisierter Prozeß. Verbesserungen können nur im Rahmen von klar vorgegebenen Wegen initiiert werden. Die Entscheidungsgewalt über organisationelle Veränderungen liegt bei den Vorgesetzten.

Unternehmensintern verkürzt man Informationswege, vereinfacht Abläufe und gibt jedem Mitarbeiter klare Zielvorgaben an die Hand. Man reduziert die Anzahl der Hierarchieebenen, ohne jedoch auf das Organisationsprinzip der Hierarchie zu verzichten. Lediglich die Befehls- und Anweisungsketten werden vereinfacht. Auch die Teamarbeit läßt sich in dieses hierarchische Organisationskonzept einbinden. Im Gegensatz zu Deutschland, wo Gruppenarbeit Zeitsouveränität, Handlungsspielräume und Teilautonomie bedeutet, ist diese im japanischen Lean-Konzept stark strukturiert.

Die Arbeitsgruppe ist in Japan, wie der Berliner Sozialwissenschaftler Ulrich Jürgens (1993) feststellt, Träger der Betriebssozialisation und der Qualifikation. Das Verhalten in der Gruppe ist ausschlaggebend für Lohnerhöhung und persönliche Entwicklungsmöglichkeiten. Es entscheidet auch über Sanktionen gegen Gruppenmitglieder.

Lean Production verzichtet nicht auf Automatisierung und Technisierung. Im Produktionsprozeß strebt man jedoch die Automatisierung der einfachen, nicht der komplizierten Arbeitsgänge an. Aufgrund dieser Selbstbegrenzung in Sachen Automatisierung lassen sich die benötigten Maschinen in Eigenherstellung produzieren, statt von externen Herstellern bezogen zu werden. Mit dieser Strategie versucht man, die Komplexität in den Bereichen vollautomatisierter Fertigung zu reduzieren.

Glaubt man McKinsey und Co., dann ist Lean Management eine erfolgversprechende Kampfansage an die Komplexität in Unternehmen. Während Taylorismus und Bürokratien mit ihrer hochgradigen Arbeitsteilung als Komplexitätstreiber verdammt werden (Child et al. 1991: 78; Reiss 1992: 58), meint man, mit Schlankheits- und Abmagerungskuren der »Überkomplexität« zu Leibe rücken zu können. Die simplifizierende Gegenüberstellung des Lean Management als dringend benötigte Vereinfachungsstrategie und des Taylorismus als überholte, komplexitätstreibende Produktionsweise ist jedoch schon auf den ersten Blick fragwürdig. Zielte doch auch Taylor mit seinem Konzept des wissenschaftlichen Managements auf eine Vereinfachung der industriellen Fertigung. Die wissenschaftliche Planung und genaue Durchkalkulation jedes Arbeitsplatzes sollte die Komplexität der Produktion senken, nicht steigern. Auch wenn die Gesamtorganisation mit ihren verschiedenen Arbeitsstationen auf den ersten Blick hochkomplex erschien, so waren doch diese Arbeitspositionen und deren Verbindungen untereinander genau definiert.

Auch in der Praxis tayloristischen Produzierens läßt sich Komplexitätsvereinfachung als Generalstrategie wiederfinden. Die Präzision, Stetigkeit, Disziplin, Straffheit und Verläßlichkeit tayloristisch oder bürokratisch strukturierter Organisationen sollte gewährleisten, daß für jedes mögliche Problem eine entsprechend vorbereitete Lösung zur Hand war. Die Zerlegung, Standardisierung und Formalisierung von Abläufen hatte ein Ziel: die Sicherheit eines effizienten Produzierens zu gewährleisten oder – anders ausgedrückt – die Komplexität organisierten wirtschaftlichen Handelns auf ein Mindestmaß zu reduzieren. Wir haben es in bürokratischen und tayloristischen Organisationen mit dem Paradox zu tun, daß zwar die Managementstrategie auf eine Komplexitätsreduzierung zielt, das Resultat jedoch – und hier liegen McKinsey und Co. richtig – eine hochkomplexe Form des Produzierens ist. Die Reduzierung des Arbeitsumfangs jedes Mitarbeiters führt zu geringer Motivation und großer Toleranz gegenüber Fertigungsfehlern – und damit zu erhöhter Komplexität. Wer die Komplexität der vor- und nachgelagerten Produktionsschritte durch Eigenfertigung reduzieren will, muß immer umfassendere Abläufe in ihrer Gesamtheit beherrschen. Die Vereinfachungsstrategie der Unterteilung in Funktionsbereiche führt zu einem zunehmenden Abstimmungsbedarf zwischen den funktional ausdifferenzierten Abteilungen. Die als Komplexitätsreduzierung gedachte Trennung von Fertigung und Entwicklung endet in hochkomplexen und langsamen Innovationsprozessen.

Aber was läßt uns jetzt annehmen, daß Lean Management nicht die gleiche teuflische Entwicklung wie der Taylorismus nimmt? Angesichts des Widerspruchs zwischen tayloristischer Zielsetzung und letztlichem Ergebnis ist es notwendig, die so populäre, simplifizierende Verdammung des Taylorismus als Komplexitätstreiber zu differenzieren und die Erfahrungen auf postbürokratische Unternehmen im allgemeinen und Lean Management im besonderen zu übertragen. Bei Lean Management – genauso wie der Taylorismus als Vereinfachungsstrategie konzipiert – droht das gleiche Dilemma wie im Taylorismus: Komplexitätsvereinfachung, die letztlich nichts anderes als verdeckte Komplexitätssteigerung ist. Schon die ersten empirischen Erfahrungen mit Lean Management in Europa sollten die Alarmglocken in den auf Simplifizierung und Vereinfachung setzenden Unternehmen läuten lassen.

Die Auslagerung von Produktionsbereichen verspricht nur auf den ersten Blick eine Vereinfachung der Organisationsstruktur.

Outsourcing-Strategien enden häufig nicht in einer Komplexitätsreduzierung, sondern nur in einer Komplexitätsverlagerung. Die Komplexität verschiebt sich von den rein organisationsinternen Bereichen zu den Abteilungen, die für die Umweltbeziehungen zuständig sind. Erich Frese, Betriebswirt an der Universität Köln, stellt fest, daß Outsourcing zu einem erheblich erhöhten Koordinierungsbedarf zwischen der Organisation und den Zulieferfirmen führt: Je konsequenter das Prinzip der Ausgliederung betrieben wird, desto höher werden die Anforderungen an das Schnittstellenmanagement zum externen Markt (vgl. Deutsch 1992: 51). Man plagt sich jetzt nicht mehr mit den hauseigenen Informatikerinnen herum, sondern mit den teuer von außen eingekauften.

Lean-Konzepte sehen vor, die Beziehungen zwischen Unternehmen und Lieferanten fragil zu organisieren, also Fertigungsteile erst ganz kurz vor der Montage anzuliefern. Zwar können so Lagerhaltungskosten verringert oder wenigstens auf die Zulieferer abgeschoben werden, die gesamte Logistik wird dadurch jedoch extrem störanfällig. Das Ausbleiben oder die Fehlerhaftigkeit eines Materialteils kann die gesamte Produktion lahmlegen. Just-in-time-Konzepte müssen deswegen von intensiven Wartungs- und Qualitätssicherungsanstrengungen und veränderten Zuliefer-Abnehmer-Beziehungen begleitet sein. Aller Logik der Komplexitätsvereinfachung zum Trotz resultieren jedoch beide Möglichkeiten – das häufige Auftreten von Störungen oder die Intensivierung der Beziehungen zu den Zulieferern – in einer Komplexitätssteigerung und nicht in einer -reduzierung.

Die Logik des »fragile lean« wird auch organisationsintern angewandt. Im Produktionsprozeß sind keine Reserven für Störfälle vorgesehen, gleich welcher Ursache sie sein mögen. Jeder Fließbandarbeiter kann bzw. soll gar das Band stoppen, wenn ihm ein Fehler im Produkt auffällt. Genauso wie bei der fragilen Organisierung der Zuliefer-Abnehmer-Beziehungen ist auch hier der Prozeß riskant und damit extrem komplex.

Die knappe Personalbesetzung in Lean-Organisationen soll die Organisation verschlanken und Komplexität reduzieren. Will jedoch die Organisation nicht Gefahr laufen, in bestimmten, kritischen Situationen unter Arbeitskräftemangel zu leiden, muß die Flexibilität über erhöhte Anforderungen an die Arbeiter wieder gesichert werden. Komplexität wird damit nicht reduziert, sondern versteckt. Komplexitätsbearbeitung wird auf die Mitarbeiter abgewälzt, deren Tätigkeiten sich verdichten und in Überlastungssituationen auch verlängern können. Daß Überstunden und Überlastung letztlich zu erhöhter Fehlerhäufigkeit und erhöhtem Risiko in der Produktion führen, läßt sich schon in tayloristischen Organisationen beobachten.

Mit der Diskussion um Lean Management gewinnen Team-Konzepte als Rationalisierungsstrategie ganz neue Anhänger. Daß die Einführung von Teams als Vereinfachung der Organisation verkauft wird, verblüfft; ist doch die Fertigung durch interdisziplinär zusammengesetzte Teams in der Regel wesentlich komplexer als eine funktional bis ins kleinste zergliederte Produktion. Im letzteren Fall ist alles genau definiert, im ersteren grundsätzlich alles für Veränderungen offen. Nur aufgrund der spezifischen Ausrichtung von Teamarbeit in Japan kann man dort von einer Simplifizierung der Produktion sprechen. Die Arbeitsgruppen sind homogen zusammengesetzt, werden von einer starken Führungspersönlichkeit – dem Hancho – angeleitet und sind in den Takt des Fließbandes eingegliedert.

Daß gerade in Lean-Organisationen hohe Komplexität entsteht – diese also im wahrsten Sinne Komplexitätstreiber sind –, wird in der Diskussion über die Probleme des Lean Management übersehen. Dort werden die Probleme darauf reduziert, daß das Ziel zwar Vereinfachung sei, der Weg dorthin aber leider kompliziert und es ferner den Mitarbeitern noch an den nötigen Kompetenzen fehlen würde. So wird in Managementmagazinen verkündet, daß letztlich durch Abmagerungskonzepte zwar Komplexität begrenzt werde, der Weg zur komplexitätsreduzierten Organisation leider jedoch hoch komplex sei. Im Mager- und Schlankheitsparadies der Lean Production sei das Leben für das Management aufgrund der herabgesetzten Komplexität einfacher, der Weg dorthin, so Michael Reiss (1992), Professor für Organisation an der Universität Stuttgart, koste jedoch »Blut, Schweiß und Tränen«. Verursacher dieses hochkomplexen Veränderungsprozesses ist nach Meinung der Wirtschaftswissenschaftler Uwe Groth und Andreas Kammel (1992, 1993) das unfähige oder unzureichend geschulte Personal. Jeder Mitarbeiter wird so zum potentiellen »Stolperstein« auf dem Weg zum schlanken Unternehmen: Den Produktionsmitarbeitern fehle es, so klagen Groth und Kammel, an Teamgeist und Teamfähigkeit. Sie widersetzten sich der Arbeitsintensivierung und -flexibilisierung. Die Beziehung zwischen Arbeitnehmern und Arbeitgebern leide unter den Rationalisierungen. Das mittlere Management flüchte sich angesichts des befürchteten Abbaus der Hierarchiestufen in eine Bunker- und Verweigerungsmentalität. Die Zulieferer fühlten sich durch die neuen Auflagen des Endherstellers gegängelt, und last but not least mangele es dem Topmanagement an unzureichenden Kenntnissen der Lean Production (vgl. Groth/Kammel 1992: 150).

Das Versagen einer Organisationsstrategie mit Persönlichkeitsmängeln der Manager und Mitarbeiter zu erklären ist nicht nur intellektuell unbefriedigend, sondern verstellt dem zur Veränderung bereiten Management auch den Blick auf strukturelle Probleme neuer Organisationskonzepte. Bei der Analyse von Lean-Konzepten muß man deswegen über die personalisierten Problemverortungen hinausgreifen. Vielmehr sollte man bei der unbegründeten Hoffnung von Unternehmen ansetzen, daß man mit einer Strategie der Komplexitätsvereinfachung wirklich Komplexität vereinfachen kann.

### *Die Komplexitätsreduzierung, die neue Komplexität schafft*

Egal ob Komplexitätsreduzierer à la McKinsey (vgl. Roever 1991) oder Anhänger von Lean Management à la Anderson Consulting, alle gehen von der Annahme aus, daß einfache Regeln und einfache Strukturen auch zu einfachen, niedrigkomplexen Organisationen führen. Wie trügerisch diese Annahme ist, zeigen neuere Erkenntnisse aus der Mathematik, Wirtschaftswissenschaft, Physik und Biologie. Eine in den achtziger Jahren gegründete interdisziplinäre Forschungsgruppe in Santa Fe, New Mexico, stößt immer wieder auf das Phänomen, daß einfache Regeln hochkomplexe Systeme erzeugen. So läßt sich zum Beispiel zeigen, daß einfache Rechenvorschriften bei ihrer wiederholten Anwendung komplexe selbstähnliche Strukturen ausbilden. Der Gebrauch der Berechnungsvorschrift $z(n+1) = [z(n)^2] + c$ ergibt komplexe Zahlenreihen, die ähnliche, jedoch nie gleiche Strukturen aufweisen (vgl. u.a. Mandelbrot 1989; Warnecke 1992: 139f.). Um dieses Prinzip zu erklären, das sich auch in der Chemie, Astronomie und Ökonomie finden läßt, verweist John H. Holland, Wissenschaftler am Santa Fe-Institute, auf Spiele, die mit einigen wenigen Regeln hochkomplexe Spielverläufe hervorbringen. Obwohl (oder besser weil) Schach mit einer geringen Anzahl von Regeln auskommt, wurde es zu einem so komplizierten Spiel, daß selbst Schachgroßmeister und leistungsstarke Computer seine Komplexität nur ansatzweise erfassen können (vgl. Waldrop 1992: 151f). William Brian Arthur, Wirtschaftswissenschaftler an der Stanford University und einer von Hollands Kollegen am Santa Fe-Institute, erklärt das Phänomen noch eindrucksvoller: Man läßt ein bißchen Wasser auf eine glatte Oberfläche tropfen. Es bildet sich ein komplexes Tröpfchengebilde; nicht etwa weil hier hochkomplizierte Regeln zugrunde liegen, sondern weil sich zwei relativ simple Regeln gegenseitig ergänzen: Auf der einen Seite versucht die Schwerkraft, das Wasser auseinanderzutreiben und die Oberfläche mit einem dünnen, flachen Wasserfilm zu bedecken. Auf der anderen Seite treibt die Oberflächenspannung der Wassermoleküle diese dazu, sich zu einer großen, kompakten Kugel zu vereinigen. Die Mischung aus diesen beiden einfachen Regeln produziert nicht nur die komplexen Tropfenmuster, mehr noch, jedes Muster ist einmalig. Wenn man das Experiment wiederholt, entsteht ein völlig neues Arrangement. (Vgl. Waldrop 1992: 36)

Der verzweifelte Kampf des Managements gegen Überkomplexität und Komplexitätstreiber richtet sich gegen das gleiche Phänomen, das Schach zu einem so hochkomplexen Spiel macht und das Wasser auf der Oberfläche zu einem bizarren und einmaligen Muster formt: Komplexität entsteht durch das Zusammenwirken einiger einfacher Regeln und nicht als Ergebnis eines umfangreichen, detaillierten Regelwerkes. Sowohl die Entwicklung des Taylorismus als auch die des Lean Management zeigen, daß angesichts einer zunehmend komplexer werdenden Umwelt alle Versuche der Komplexitätsreduzierung letztlich vergeblich sind: Jede Reduzierung der Komplexität führt wiederum zu neuer, gesteigerter Komplexität.

Konkret heißt dies, daß die traditionellen Zielwerte des von wuchernden Organisationsstrukturen, wachsenden Produktpaletten und langatmigen Entscheidungsverfahren überforderten Managements – nenne man sie nun Abmagerung, Verknappung oder Verschlankung – letztlich zur weiteren Erhöhung der Komplexität führen. Der Bielefelder Systemtheoretiker Dirk Baecker beschreibt dieses Paradox: »Jede Vereinfachung steigert Komplexität, und zwar eine Komplexität, die nicht irgendwo anfällt, sondern genau da, wo vereinfacht wurde. ... Das Einfache ist nicht der Gegenbegriff zum Komplexen, sondern ein Moment der zur Steigerung der Komplexität beitragenden Komplexitätsbewältigung.« (Baecker 1992b: 56) Einfachheit ist also nicht, wie es uns das Alltagsverständnis und McKinsey nahelegen, der klassische Gegensatz zur Komplexität. Es besteht für Unternehmen nicht die Alternative zwischen einer komplexitätssteigernden und einer komplexitätsvereinfachenden Strategie. Eine Organisation ist nicht entweder hoch komplex oder einfach, sondern sie kann ihre Komplexität durch Vereinfachungsstrategien steigern.[12]

Mit Hilfe der Aufhebung der klassischen Gegensätzlichkeit von Vereinfachung und Verkomplizierung wird verständlich, warum Lean Management, wie auch alle anderen Komplexitätsreduzierungskonzepte, auf grundsätzlich fragwürdigen Prämissen beruht. Der Abbau von Zeitpuffern als Rationalisierungsstrategie führt zu erhöhter Störanfälligkeit. Das Kaizen als kontinuierliches Verbesserungskonzept resultiert im Verlust jeder Flexibilität. Die Perfektionierung des Produktionsablaufs führt wiederum zu gesteigerter Komplexität.

Das Komplexitätsdilemma für postbürokratische Unternehmen besteht darin, daß angesichts der Unübersichtlichkeit und Komplexität inner- und außerhalb der Organisation die Mitarbeiter nach einfachen, schlanken, komplexitätsreduzierenden Strukturen lechzen, aber gerade diese zu einer weiteren Steigerung der Unübersichtlichkeit führen würden. Daß selbst hochbürokratisierte Unternehmen wie IBM, Siemens, Hoechst oder Schering nach Komplexitätsreduzierung streben, ist für postbürokratische Unternehmen nur ein schwacher Trost. Die Tatsache, daß sogar die Mitarbeiter und Mitarbeiterinnen von Unternehmen, die in jahrelanger organisationeller Starre verharrten, nach Einfachheit und Sicherheit trachten, gibt den Mitgliedern postbürokratischer Unternehmen lediglich einen Vorgeschmack, was an Komplexitätsbewältigung auf sie zukommt. Je turbulenter die Umwelt, je labiler die Kommunikations- und Entscheidungswege und je offener und damit komplexer die internen Abläufe, desto stärker und verständlicher das Streben nach klaren, einfachen Strukturen und Prozessen. Postbürokratische Unternehmen sind letztlich die organisationelle Reaktion auf große Umweltturbulenzen. Sie können diese nur deswegen beherrschen, weil sie sich mit ihren internen, komplexen Abläufen auf sie einstellen. Postbürokratische Unternehmen sind – allem Dürsten nach einfachen Strukturen zum Trotz – dazu verdammt, komplex zu sein.

Die Gefahr des Dilemmas, daß die heißersehnten Maßnahmen der Komplexitätsreduzierung nur zur Komplexitätssteigerung führen, besteht dabei nicht so sehr in dem Dilemma selbst, sondern in dem Unwillen oder der Unfähigkeit, dieses wahrzunehmen. Der momentane Run auf Simplifizierungs- und Vereinfachungsstrategien im Management birgt Risiken – ja sogar »tödliche Gefahren«: Die steigende Komplexität wird nicht wahrgenommen, da man ja eigentlich mit einer Reduzierung gerechnet hatte. Die Komplexitat, die aus Vereinfachungsstrategien entsteht, kann von der Organisation nicht mehr beherrscht werden. Die gewaltsamen Vereinfachungen widersprechen den Eigengesetzlichkeiten des Systems. Das System »wehrt sich« und entwickelt eine Komplexität, die vom Management nicht mehr zu kontrollieren ist (Baecker 1992b: 61).

Hilfe verspricht eine Änderung der Wahrnehmung: Unternehmen müssen Komplexität als Herausforderung und nicht als tödliche Gefahr begreifen. Aufgrund der sich rapide wandelnden

Marktbedingungen und der technischen Umwälzungen kann ein Unternehmen nicht die Hoffnung haben, daß seine Umweltbedingungen einfach, klar strukturiert und dauerhaft sein werden. Dieser komplexen Umwelt können nur Unternehmen gerecht werden, denen es gelingt, sich durch organisationsinterne Komplexität auf diese Umweltbedingungen einzustellen.

Gefragt sind dabei weniger die »Helden des Chaos« oder die »Meister der Komplexität«, sondern offene und flexible Organisationsstrukturen, die möglichst wenige Reaktionen vorausbestimmen. Das heißt für Unternehmen, dem Drang zu widerstehen, Produktionsabläufe mager durchzuorganisieren. Es bedeutet, Unberechenbarkeit als positiv anzusehen und als Innovationspotential zu verstehen, Organisationen nicht zu perfektionieren, sondern fehlerfreundlich zu gestalten. Angesagt ist, sich neuen komplexen Umweltbedingungen zu stellen und von der Hoffnung auf niedrigkomplexe, schlanke Strukturen endgültig Abschied zu nehmen.

## Teil V

# Jenseits von Hierarchie und Anarchie

Wer will was Lebendiges erkennen und beschreiben,
sucht erst den Geist herauszutreiben,
dann hat er die Teile in der Hand,
fehlt, leider, nur das geistige Band.

*Johann Wolfgang von Goethe*

Statt mit der Machtübernahme durch die Mitarbeiter haben wir es, wie gezeigt, in postbürokratischen Organisationen mit zunehmend komplexeren Machtgefügen zu tun. Die Auflösung von klaren, stabilen Strukturen führt zu einer Politisierung, die häufig nicht offen thematisiert werden kann. Genausowenig wie eine revolutionäre Umwälzung der Machtverhältnisse stattgefunden hat, haben postbürokratische Unternehmen es geschafft, ihre Organisationsstruktur vollständig auf Wandel auszurichten. Die organisationelle Revolution – die Ablösung des Wiederholungsprinzips durch das Prinzip des Wandels, die Anerkennung von »Wandel als einzigem Stabilen« – würde, wie gezeigt, die Organisationen selbst auflösen. Die von mir untersuchten Unternehmen sind jedoch nach wie vor quietschlebendig (Stand 6/1994), und auch die »völligen Wandel und Flexibilität« fordernden Managementberater kassieren nach wie vor ihre nicht gerade geringen Honorare von den Unternehmen, deren Selbstauflösung (und Zahlungsunfähigkeit) sie durch ihre Forderungen ja eigentlich schon herbeigeführt haben müßten.

Für postbürokratische Organisationen stellen sich mit dem Politisierungs-, Flexibilitäts- und Komplexitätsdilemma drei grundlegende Herausforderungen, auf die es lediglich erste, unzureichende Antworten gibt.[1] Angesichts von wachsenden Flexibilitätsanforderungen und zunehmend freieren Machtspielen müssen postbürokratische Unternehmen die Mitarbeiter und Mitarbeiterinnen auf ein Unternehmensziel hin integrieren. Der Erfolg von Unternehmen hängt immer mehr davon ab, angesichts des drohenden »Auseinanderlaufens« der Organisation, angesichts der Verflüssigung der Grenzen zur Umwelt und angesichts der zunehmenden Politisierung innerhalb der Organisation, ein Höchstmaß an Integration und Stabilität zu erreichen.

Daß herkömmliche Managementinstrumente in der Form von »Management-by-Konzepten« an den neuen Flexibilitätsanforderungen scheitern, scheint sogar traditionellen Unternehmensberatungsfirmen klar zu sein. Selbst die Dinosaurier der Beratungsbranche wie McKinsey, die in den letzten Jahrzehnten die internationale Unternehmenslandschaft mit ihren Standardangeboten und Patentrezepten überzogen haben, sehen sich an ihren konzeptionellen Grenzen.[2] Die »neue Unsicherheit« oder »neue Unübersichtlichkeit«, Resultat der Flexibilitätsanforderungen und der komplexer werdenden Machtgefüge, verlangt von postbürokratischen Unternehmen Strukturen und Strategien, die die nötige Stabilisierung und Integration erreichen – ohne aber in altbewährte Stabilisierungsmechanismen wie Hierarchie, Zentralisierung, Abteilungsegoismus und Abschottung gegenüber der Umwelt zurückzufallen.

In diesem Teil entwickle ich unter Rückgriff auf neuere Erkenntnisse der Komplexitäts- und Chaosforschung Ideen, wie die Prinzipien für ein Management jenseits von Hierarchie und Anarchie aussehen könnten. Ich zeige, daß Selbstorganisation nur in einem Zustand begrenzter Instabilität gedeihen kann; einem Zustand, in dem weder Starre noch explosives Chaos herrscht (Kapitel V-1). Die »Stabilisierungskonzepte« postbürokratischer Unternehmen, wie die Steuerung über Kontextvorgaben und Unternehmenskulturen, müssen in ein solches Management jenseits von Ordnung und Chaos eingegliedert werden. Sie sind eine erste, wenn auch noch ungenügende Antwort auf das Flexibilitäts-, Politisierungs- und Komplexitätsdilemma (Kapitel V-2). Es wäre anmaßend, verbindliche Prinzipien für das Management postbürokratischer Unternehmen aufstellen zu wollen. Was wir brauchen, sind nicht neue Patentrezepte, sondern ein tiefergehendes Verständnis, wie Unternehmen jenseits von Bürokratie und Hierarchie funktionieren (Kapitel V-3).

## 1. Auswege aus dem Dilemma? Management am Rande des Chaos

»In einer Kommunikationsgesellschaft mit einer Dienstleistungskultur«, so stellt der Ploenzke-Manager Fuchs zu Recht fest, »kann man Komplexität nicht mehr durch Zergliederung und Bürokratisierung reduzieren und beherrschbar machen. Die Lösung gelingt nur noch durch gezielte Erhöhung der Komplexität in spezialisierten, autonomen und überschaubaren Einheiten.« (Fuchs 1992d: 48) Leider recht verklausuliert findet sich in dieser Beobachtung schon der zentrale Gedanke für die Organisation postbürokratischer Unternehmen: Es geht weder um Wandel als das einzige Stabile noch um die – sowieso vergebliche – Reduzierung von Komplexität. Angesagt ist die gezielte Erhöhung der Komplexität bei gleichzeitiger Zunahme von Überschaubarkeit.

Die regelmäßigen Debakel langfristiger Planung zeigen, daß die Unternehmen des ausgehenden zwanzigsten Jahrhunderts nicht an zuviel, sondern an zuwenig innerer Komplexität und Unsicherheit leiden (vgl. Bolz 1993: 16). Manager und Mitarbeiter müssen sich von der so populären Annahme trennen, daß Unsicherheit und Instabilität die Konsequenzen aus Inkompetenz und Ignoranz sind. Vielmehr sollten wir sie als ein notwendiges, ja lebenswichtiges Fundament für die Unternehmen des nächsten Jahrhunderts begreifen (vgl. Stacey 1992: 81). Zugegeben – Komplexität, Chaos und Instabilität zerstören die alltäglichen Routinen im Unternehmen; Routinen, die nicht selten für einen erheblichen Teil der Wertschöpfung verantwortlich sind. Aber gerade dieser Prozeß der kreativen Zerstörung schafft den Platz für Innovation und Wandel. Gefahren der Unsicherheit und Instabilität wandeln sich so in Möglichkeiten der Überraschung. Chaos wird zum »Wagniserreger« (Bolz 1992: 19).

Damit der Prozeß der Zerstörung kreativ und nicht ruinös ist, Unsicherheit und Komplexität nicht zur explosiven Bedrohung werden, sondern sich produktiv von dem Unternehmen nutzen lassen, muß man das Chaos organisationell begrenzen. Nur so lassen sich Chaos und Komplexität in Risikokalküle verwandeln

(Bolz 1993: 14). Unternehmen müssen ihre innere Komplexität erhöhen, aber diese durch vereinfachte, dezentralisierte Strukturen beherrschbar machen.[3] So betont der holländische Unternehmer Gerard Endenburg, daß es sich bei seinem »dynamisch-zyklischen Soziokratiemodell« nicht um eine »Entweder-oder«-, sondern um eine »Sowohl-als-auch«-Entscheidung handelt (Endenburg 1986: 6): sowohl Hierarchie als auch Gleichberechtigung; Kontrolle des Unternehmens sowohl durch die Arbeiter und Arbeiterinnen als auch durch das Management; sowohl kreatives Chaos als auch Sicherheit (vgl. Buck/Endenburg 1984: 22) – und man könnte ergänzen: sowohl Stabilität als auch Flexibilität und Wandel.

Auf den ersten Blick bestehen postbürokratische Organisationen aus einem Paradox: der Gleichzeitigkeit von Komplexitätssteigerung und Komplexitätsreduzierung; der Gleichzeitigkeit von Chaos und Ordnung; der Gleichzeitigkeit von Stabilität und Flexibilität. Diese Gleichzeitigkeit deutet an, daß es Organisationen gelingen kann, Strukturen auszubilden, die zugleich ausreichend fest und flexibel sind, und daß sich externe Umweltunsicherheit so in organisationsinterne Unsicherheit umsetzen läßt, daß das drohende Organisationschaos verhindert werden kann. Erst durch dieses neuartige Mischverhältnis zwischen Mechanismen der Flexibilität und der Stabilität können postbürokratische Organisationen ihre Leistungsfähigkeit erhalten und steigern. Nur der simultane Doppelbezug auf Wiederholung und Wandel hebt postbürokratische Organisationen auf ein Niveau, auf dem Flexibilitätsanforderungen und Prozeßintegration miteinander vereinbar sind.[4] Nicht die einseitige Betonung von Wandlungsfähigkeit, sondern eine intelligente Mischung von Routinen, Ritualen und Programmen mit einer Öffnung der Organisation für Veränderungen ermöglicht es also, externes Chaos produktiv umzusetzen, ohne an übersteigerter interner Unsicherheit zugrunde zu gehen.

Wie könnte eine solche Strategie konkret aussehen? Wodurch könnte sie inspiriert werden? Chaos – Deckbegriff für hohe Komplexität und totalen Wandel – verliert immer mehr den Beigeschmack von Niedergang und Unbeherrschbarkeit. Popularisiert von dem Wissenschaftsautor James Gleick (1988) in den achtziger

Jahren, liegen die Wurzeln der Chaosforschung weiter zurück. Anfang der sechziger Jahre stellte der Meteorologe Edward Lorenz vom MIT in Boston fest, daß kleine Veränderungen große Effekte bewirken können. Eine winzige Abweichung bei den Anfangsbedingungen könnte, so Lorenz, die Entwicklung des gesamten Systems grundlegend beeinflussen (vgl. Freedman 1993: 27). Der sogenannte Butterfly-Effekt wurde entdeckt. Der Flügelschlag eines Schmetterlings in Japan kann sich im Wettersystem durch positive und negative Feedbackschleifen so verstärken, daß er in Arkansas einen Hurrikan auslöst. Anhand von Moskitoschwärmen, Computerprogrammen und Termingeschäften an Rohstoffmärkten zeigten Wissenschaftler, wie chaotische Systeme mit Unsicherheit und schnellem Wandel fertig werden. Auch wenn wir nur eine sehr vage Idee haben, in welche Richtungen sich chaotische bzw. komplexe Systeme entwickeln, und Prognosen über deren Zukunft weitgehend außerhalb unser Reichweite liegen, können wir doch ganz bestimmte Prinzipien erkennen, nach denen sie funktionieren (vgl. Valery 1989; Freedman 1993).

Angesichts der Regelungsmechanismen in chaotischen Systemen gibt es, wie der Philosoph Norbert Bolz herausstellt, keinen Grund mehr für die alte Angst vor dem Chaos: »Es zeigt sich nicht nur, daß Ordnung immer wieder in Chaos umschlägt, sondern auch umgekehrt: Chaos hat eine verborgene Ordnung. Chaos beschreibt heute nicht Ausnahmezustände, sondern Normalitäten.« (Bolz 1993: 14) Für Wirtschaftsorganisationen, die gegenüber Unsicherheit und Instabilität offen sein wollen, kommt es darauf an, die im Chaos vorhandenen verdeckten, hochkomplexen Ordnungsmuster zu nutzen, ohne sich dabei in eine unbeherrschbare, hochexplosive Situation hineinziehen zu lassen. Gefragt sind nicht »Organisationen des Chaos«, sondern »Organisationen am Rande des Chaos«; Organisationen, denen es gelingt, sich in der sich ständig wandelnden »Battle zone« zwischen Stagnation und Anarchie anzusiedeln. Nur in diesem Bereich können, wie die Wissenschaftler vom Sante Fe-Institute in New Mexico herausstellen, komplexe Systeme spontan, wandlungsfähig und lebendig sein (vgl. Waldrop 1992: 12; Ruthen 1993: 138).

Wie ein System aussehen könnte, das sich jenseits des Zustandes der Stagnation und der Anarchie befindet, beschreibt der Chaosforscher Ralph D. Stacey. Er schlägt vor, Unternehmen nach dem Vorbild von Systemen zu organisieren, die im Bereich der »begrenzten Instabilität« liegen; sich also von Systemen inspirieren zu lassen, die den Zustand stabilen Gleichgewichts bereits verlassen haben, aber noch nicht in das Stadium des explosiven Chaos übergetreten sind (1992: 63ff). In der Phase der begrenzten Instabilität können Systeme hochkomplexes Verhalten entwickeln. Wenn sich zum Beispiel ein erhitztes Gas im thermodynamischen Gleichgewicht befindet, geht von den Atomen nur ein ungerichteter und diffus wirkender Lichtschein aus. Das Gas verhält sich wie eine normale Lampe mit einer Reichweite von nur einigen Metern. Erhitzt man das Gas jedoch weiter, verläßt das Gas den Zustand des Gleichgewichts, und die Atome fliegen wild durcheinander. Ihr Verhalten wird chaotisch. In diesem Zustand der Instabilität erreichen die Atome einen kritischen Punkt, an dem sie plötzlich anfangen, sich selbst zu organisieren. Alle Atome zusammen werfen einen zielgerichteten, gebündelten Lichtstrahl ab. Das Resultat dieses hochkomplexen Verhaltens im Zustand begrenzter Instabilität ist der Laser, ein kohärenter Lichtstrahl, der über sehr lange Distanzen reichen kann (vgl. Stacey 1992: 84; Warnecke 1992: 134f).

Im Bereich der begrenzten Instabilität sind die langfristigen Entwicklungen des Systems zufällig; jedoch zufällig im Rahmen voraussagbarer Grenzen. Stacey beobachtet, daß stabile Feedbackregeln in komplexen Prozessen kulminieren, die nicht mehr unmittelbar aus diesen Regeln ableitbar sind. So wird das Wettersystem angetrieben durch nichtlineare Rückkopplungsschleifen. Sich selbst verstärkende Zirkel von Stürmen, Tief- und Hochdruckgebieten, Hitze- und Kältewellen machen langfristige Wettervorhersagen unmöglich. Lediglich das Wetter von morgen kann von den Meteorologen mit einiger Sicherheit vorausgesagt werden. Aber auch wenn sie keine konkreten Aussagen über das Wetter in drei Wochen treffen können, wissen wir, daß es immer ähnlich sein wird, wie das Wetter, das wir schon mal um diese Jahreszeit erlebt haben. Wir wissen, daß die Wettermuster so begrenzt sind, daß sich nur bestimmte Varianten entwickeln können. Bevor uns Ozonloch und Treibhauseffekt mit aller Grausamkeit auf die Komplexität unseres Systems Erde aufmerksam machten, konnten wir jedenfalls mit an Sicherheit grenzender Wahrscheinlichkeit davon ausgehen, daß wir in der Arktis keine Hitzewellen erleben und in der Sahara vor Schneestürmen sicher sind (vgl. Stacey 1992: 63).

Im Zustand begrenzter Instabilität sind also lediglich die Rahmenbedingungen, in denen sich die komplexen Prozesse entfalten, und ganz kurzfristige Entwicklungen voraussagbar. Die Rahmenbedingungen der komplexen Prozesse werden durch relativ klare Feedbackregeln definiert. Kurzfristige Entwicklungen sind deshalb vorhersagbar, weil kleine Veränderungen eine bestimmte Zeit brauchen, um zu großen Effekten zu eskalieren (Stacey 1992: 65f). So läßt sich der minimale Luftzug, der vom Flügelschlag des Schmetterlings in Japan ausgelöst wird, zwar noch voraussagen; ob und wo der Hurrikan auftritt, liegt aber außerhalb der Reichweite unseres Verständnisses.

Unternehmen können nicht umhin, sich Tag für Tag mit der lediglich sehr begrenzten Voraussagbarkeit komplexer Systeme zu beschäftigen. Dabei müssen sie aber nicht unbedingt die schlechten Erfahrungen des Videosystementwicklers Beta machen: Mitte der siebziger Jahre kämpften VHS und Beta um die Vorherrschaft auf dem Videorecordermarkt. Das Beta-System wurde von Experten als dem VHS-System technisch überlegen eingeschätzt. Der Elektronikhersteller, der daraus Voraussagen für die Zukunft abgeleitet hätte, würde heute auf seinen Beta-Videorecordern sitzenbleiben, ohne die geringste Chance, beim Kunden auch nur ein Minimum von Interesse an seinen Geräten zu wecken. Was war passiert? Die Verkäufer des VHS-Systems hatten das Glück, am Anfang trotz der technischen Nachteile ihres Systems einen minimalen Vorsprung auf dem Markt zu gewinnen. Da die Geschäfte für Unterhaltungselektronik nicht zwei verschiedene Gerätetypen im Angebot haben wollten und auch die Kunden auf ein einheitliches System drängten, gab es eine starke Tendenz, das Gerät des

Marktführers zu kaufen. Der minimale Vorsprung von VHS reichte aus, um sich in wenigen Jahren als alleiniges System auf dem Videorecordermarkt durchzusetzen. Das System Beta verschwand trotz der technischen Vorteile völlig (vgl. Waldrop 1992: 36).

Dem gleichen Effekt, der das Videosystem Beta verschwinden ließ, verdanken wir auch die heutige Form der Schreibmaschinen- und Computertastaturen. Das QWERTY-Tastaturlayout, benannt nach den ersten sechs Buchstaben auf der obersten Reihe der amerikanischen Tastaturen, dominiert heute mit minimalen Modifikationen die Gestaltung von Schreibmaschinen und Computern in der gesamten westlichen Welt. Aber das QWERTY-Modell, mit dem sich heute jeder mehr oder minder intensiv herumquält, ist weiß Gott nicht das effizienteste und benutzerfreundlichste System. Es wurde 1873 von dem Ingenieur Christopher Scholes entwickelt, um die Sekretärinnen in ihrer Tippgeschwindigkeit abzubremsen. Die damaligen Schreibmaschinentypen verhakten sich, wenn die Schreibkräfte zu schnell wurden. Als die Remington Sewing Machine Company anfing, Schreibmaschinen mit der QWERTY-Tastatur in Massenproduktion herzustellen, begannen jedoch immer mehr Schreibkräfte, sich dieses System anzueignen. Andere Schreibmaschinenhersteller waren gezwungen, sich dem QWERTY-Modell anzupassen. Nach und nach verschwanden andere, höhere Tippgeschwindigkeiten zulassende Modelle vom Markt, und heute, wo die technischen Möglichkeiten keine Begrenzungen mehr für ein effektiveres System darstellen würden, ist QWERTY wohl für immer Teil der westlichen Tippkultur geworden (vgl. David 1986; Waldrop 1992: 35). Hätte man Ende des 19. Jahrhunderts als Schreibmaschinenhersteller darauf gesetzt, daß sich ein effektiveres Modell durchsetzen würde, und die Eskalation kleiner Wirkungen zu großen Effekten außer acht gelassen, wäre man wohl Opfer seines Glaubens an die beste technische Lösung geworden. Von QWERTY, Beta und VHS können Unternehmensführer lernen, wie vergeblich langfristige Planungen sind. Das einzige, von dem die planungsbesessenen Manager mit an Sicherheit grenzender Wahrscheinlichkeit ausgehen können, ist, daß ihre langfristigen Planungen nicht eintreten werden. Für Unternehmen besteht nicht eine planbare Zukunft, sondern mehrere mögliche Zukünfte (und Einkünfte). Welche Zukunft sich entwikkelt, hängt von kleinen Details ab, deren Entwicklungen nicht voraussagbar sind. Die Zukunft eines Unternehmens vorausbestimmen zu wollen käme einem Kampf des Don Quichotte mit den unbesiegbaren Windflügeln der Komplexität gleich.

Systeme im Grenzbereich zwischen Chaos und stabilem Gleichgewicht – seien es nun das Wetter, postbürokratische Unternehmen, Moskitoschwärme oder Gasgebilde – bestehen nicht aus völliger Beliebigkeit, sondern verfügen über irreguläre Muster. Zwar löst sich beim Übergang zur begrenzten Instabilität die vorher vorhandene Stagnation und Stabilität auf, das System behält jedoch über abstrakte Muster noch einen Zusammenhang. Ein einfaches Beispiel: Wir können davon ausgehen, daß sich bei dem Zusammentreffen von Regen und Minustemperaturen Schneeflocken bilden. Aber die genaue Form einer Flocke können wir nicht bestimmen. Auch wenn jede einzelne Schneeflocke deutlich als eine solche zu erkennen ist, so sind doch alle verschieden. Jede Schneeflocke ist das Ergebnis ihrer spezifischen Geschichte, nach der sie zur Erde gelangte: welcher Art von Wolke sie entsprang, welchen minimalen Temperaturschwankungen und Luftdruckveränderungen sie ausgesetzt war, wie dicht sie neben anderen Schneeflocken zu Boden fiel. Als Beobachter können wir lediglich das Muster »Schneeflocke« wahrnehmen, eine Bestimmung im Detail wäre ein unmögliches Unterfangen (vgl. Stacey 1992: 67).

Muster sind eine bestimmte, im Detail nicht erklärbare Ordnung von Elementen. Obwohl irregulär in ihrem einzelnen Verhalten, setzen sich die Elemente in Übereinstimmung mit der Gesamtstruktur des Systems zusammen (vgl. Lüdtke 1988: 523). In der Musterbildung steckt die Erwartung, daß sich Elemente innerhalb einer sehr grob definierten Struktur ordnen, es jedoch vom jeweiligen Einzelfall abhängt, wie sich diese Ordnung in bezug auf eine spezifische Situation ausbildet. Mit dem Begriff des Musters gelingt es, die beiden zentralen Aspekte postbürokratischer Unternehmen zu vereinbaren: Er verweist einerseits auf die bestehende Möglichkeit, dem Wandel gerecht zu werden. Es bleibt offen, wie innerhalb einer übergeordneten Struktur eine Ordnung entsteht. Kommunikation kann frei fließen. Koordinationsstrukturen können sich flexibel ausbilden, solange alles im Rahmen der Gesamtstruktur bleibt. Andererseits verweist der Begriff des Musters darauf, daß es so etwas wie eine übergeordnete Stabilität gibt, einen groben Orientierungsrahmen. Es wird somit die Anforderung erfüllt, daß selbst ein hochflexibles und hochinnovatives Unternehmen ein Minimum an Strukturierung aufweisen muß (vgl. Crozier/Friedberg 1977: 406).

Wie sieht jetzt Musterbildung in der konkreten Praxis der Geschäftswelt aus? Brian Arthur vom Santa Fe-Institute und der Chaosforscher Ralph D. Stacey verweisen darauf, daß High-Tech-Unternehmen sich um bestimmte hochinnovative Forschungsinstitute ansiedeln. Die Nähe zu Forschungszentren in Stanford und Berkeley spielte eine wichtige Rolle bei der Entstehung von Silicon Valley in Kalifornien. Ähnlich zog ein Forschungsinstitut im englischen Cambridge ein ganzes Netzwerk von Unternehmen für Elektronik und Informationstechnologie an. Auch in Gebieten zwischen Reading und Bristol in Großbritannien und um Bostons Route 128 trug eine intensive Forschungslandschaft zu dem Aufbau völlig neuer Industriezweige bei. Wir können hier ein bestimmtes Muster wirtschaftlicher Entwicklung beobachten. Die spezifischen Formen aber entziehen sich unserem Verständnis. Wir bemerken zwar, daß Forschungszentren einen positiven Einfluß auf die regionale wirtschaftliche Entwicklung haben können. Warum, wann, wie und weshalb sich Unternehmen dann aber entschließen, sich in einem bestimmten Gebiet anzusiedeln oder nicht, liegt außerhalb unseres Verständnisses (vgl. Stacey 1992: 68; Waldrop 1992: 36). Die verzweifelten und häufig vergeblichen Versuche von Regierungen, High-Tech-Firmen in ihrem Einzugsgebiet anzusiedeln, zeugen davon, wie schwierig es ist, das Muster »Silicon Valley« nachzuahmen. Die leerstehenden Technologiezentren in vielen Städten Europas sind das Resultat der vergeblichen Bemühungen, mit detaillierten Wirtschaftsentwicklungsplänen Muster zu kopieren, die das Ergebnis der komplexen Eskalation einiger kleiner Einflußfaktoren sind.

Auch die Börse ist ein Beispiel, wie sich im Zustand begrenzter Instabilität Muster ausbilden. Die Preisentwicklungen an den Finanzmärkten sind offensichtlich nicht vorauszubestimmen. Sonst wären in der Zwischenzeit alle Broker noch reicher, als sie es sowieso schon sind, und Börsenspekulanten würden ihren Namen nicht mehr verdienen, weil unter Bedingungen der Prognosesicherheit nicht mehr spekuliert werden kann. Aber trotz der Tatsache, daß jede einzelne Preisänderung zufällig erfolgt, lassen sich irreguläre Musterbildungen beobachten. Der Begründer der fraktalen Geometrie, Benoît Mandelbrot, speiste die Baumwollpreise der letzten sechzig Jahre in einen Großcomputer ein. Es zeigten sich eigentümliche Symmetrien bei den täglichen, monatlichen und jährlichen Preisentwicklungen. Die von Mandelbrot nachgewiesenen versteckten Ordnungsmuster bewiesen, daß selbst in so komplexen Systemen wie der Börse Muster auftreten, die vom Menschen zu erfassen sind (vgl. Mandelbrot 1989; Bolz 1993: 15).

Immer mehr Unternehmen machen sich begrenzte Instabilität und irreguläre Musterbildung zunutze. Unternehmensberater haben beobachtet, daß sich viele Unternehmen in einem ständigen Hin und Her zwischen Zentralisierung und Dezentralisierung befinden. Wie durch zwei Magnete werden Unternehmen zwischen einem Zustand stabilen, zentralistischen Gleichgewichts und einem diffusen, dezentralen Ungleichgewicht hin- und hergezogen. Jedoch nur auf den ersten Blick sucht das Unternehmen dabei nach dem perfekten Zustand zwischen Zentralisierung und Dezentralisierung. Vielmehr profitieren die Unternehmen davon, daß sich die Organisation in einem Prozeß des Wandels, der begrenzten Instabilität befindet. In diesem Rahmen können sich irreguläre Muster und Regelungsmechanismen ausbilden, die weder einer rein zentralistischen noch einer rein dezentralistischen Strategie zuzurechnen sind. Die von Michael Hammer und anderen losgetretene Re-engineerings-Welle dreht sich darum, diesen Zustand der begrenzten Instabilität und der irregulären Musterbildung für eine Dynamisierung der Organisation einzusetzen (vgl. Hammer/Champy 1994). Es geht Michael Hammer und seinen Kollegen nicht um die Erreichung eines vorher fest definierten Zustands des

Erfolges, sondern um einen »Quantensprung«, der dazu führen soll, alle Prozesse zu beschleunigen und alle Operationen zu flexibilisieren. Das Geheimnis des Erfolgs von Re-engineering bei Firmen wie Hallmark, Taco Bell und Bell Atlantic liegt darin, daß der radikale Veränderungsprozeß die Unternehmen in einen Zustand begrenzter Instabilität gestoßen hat, in dem sich bestimmte irreguläre Muster ausbildeten und bisher verdeckte Kapazitäten der Selbstorganisation freigesetzt wurden.

### *Selbstorganisation*

Wenn man einen Menschen mit klaren Definitionen und Strukturen konfrontiert, wird er sich so verhalten, daß bald nichts mehr klar und strukturiert ist. Fast jeder autoritär erziehende Vater, jede patriarchale Unternehmensführerin und jeder Alleinherrscher haben diese Erfahrung schon einmal gemacht. Der Systemtheoretiker Dirk Baecker stellt fest, daß es zu dieser Tendenz, starre Ordnungen zu zerstören, auch einen Gegenprozeß gibt: Wenn man einen Menschen mit Instabilität, überraschend auftauchenden und verschwindenden Zuständen, mit intelligenten Feindseligkeiten und mangelhafter Kommunikation konfrontiert, dann wird dieser Mensch anfangen, Ziele zu definieren und eigene Strukturen und Sicherheiten auszubilden. Einfach ausgedrückt: Man unterstelle Freiheit und Selbstbestimmung, und die Leute werden sich arrangieren. Man unterstelle einen fest definierten Sinn und einen vorgeschriebenen Zweck, und die Leute werden sich nach etwas anderem umsehen (Baecker 1992b: 59). Der Nutzen von Unberechenbarkeit, Unsicherheit und Komplexität besteht Baecker zufolge darin, daß Menschen, die sich dem Chaos scheinbarer Beliebigkeiten gegenübersehen, gezwungen sind, eigene Strukturen und Übersichtlichkeiten zu schaffen (vgl. Baecker 1992b: 59f). Selbstorganisation kann sich entwickeln.

Selbstorganisation ist in vielen Unternehmen zu einem Zauberwort geworden. Jedes Management by objectives – Mitarbeiter und Mitarbeiterinnen führen ein klar vorgegebenes Ziel selbständig aus – wird dann als selbstorganisierender Prozeß verkauft. Jede kleine

Erweiterung des Aufgaben- und Verantwortungsspektrums erhebt ein Team gleich zur selbstorganisierenden Gruppe. Daß Selbstorganisation die Selbstverantwortung der Mitarbeiter für alle Prozesse – von der Zieldefinition bis zur abschließenden Bewertung – bedeutet, wird in der Selbstmanagementeuphorie schnell vergessen oder gar nicht erst gesehen. Selten macht man sich ausreichend Gedanken über die Voraussetzungen und Bedingungen, unter denen sich Selbstorganisation entwickeln kann. So sehen einige Veteranen unter den Unternehmensführern kein Problem darin, Selbstorganisation in ihre hierarchische, funktional zergliederte Firma einzupassen. Wie sich unter den vorgegebenen, starren Strukturbedingungen Selbstorganisation entwickeln soll, bleibt ihr Geheimnis.

Alle Erkenntnisse aus der Chaos- und Komplexitätsforschung verweisen darauf, daß überzogene Strukturierungen und stabile Ordnungen die Selbstorganisationsfähigkeit von Systemen zerstören. Systeme müssen im Zustand begrenzter Instabilität sein, um sich selbst organisieren zu können. Nur wenn Systeme sich zwischen (und jenseits von) stabilem Gleichgewicht und explosivem Chaos befinden, können sich die Bezüge zwischen ihren Elementen selbst so ordnen, daß diese zur Erhaltung des Gesamtgebildes beitragen. Per Bak, Forscher am Brookhaven National Laboratory, verdeutlicht diesen Prozeß am Beispiel der Bildung von Sandhügeln. Wenn man Sandkörner zentriert auf einen Punkt fallen läßt, kann das entstehende System »Sandhügel« drei Typen von Verhalten entwickeln, die Bak unterkritisch, kritisch und überkritisch nennt. Wenn der Hügel noch flach ist – der sogenannte unterkritische Zustand –, kommen die fallenden Sandkörner schnell zur Ruhe, eventuell bilden sie kleine, unregelmäßige Lawinen. Mit dem Anwachsen des Hügels erreicht dieser einen kritischen Zustand. Die fallenden Sandkörner fangen an, sich selbst zu organisieren. Hinzukommende Körner lösen Lawinen aus, die den Sand regelmäßig verteilen. Je nach »Notwendigkeit« des Systems kann die Größe der Lawinen zwischen einem Korn und der gesamten Kornoberfläche variieren. Durch dieses flexible, sich selbst organisierende Verhalten behält der Hügel selbst bei weiterem Wachstum immer die gleiche Form. Das Gefälle des Hügels ist unabhängig von der Größe konstant. Wenn man das Wachstum des Hügels jetzt durch Barrieren an den Seiten beeinflußt, verflacht sich das Gefälle. Das Hügelsystem erreicht einen superkritischen Zustand, in dem sich die Selbstorganisation nur noch begrenzt entwickeln kann. Die fallenden Sandkörner streben nicht mehr an, eine spezifische Form des Hügels zu bilden. Entfernt man jedoch die künstliche Strukturierung, fällt das Hügelsystem in einen kritischen Zustand zurück. Das plötzliche Wegziehen der Barrieren löst eine große Lawine aus, durch dic das Hügelsystem in seine spezifische Form mit einem konstanten Gefälle zurückversetzt wird (vgl. Ruthen 1993: 135). Es wird deutlich, daß sich mit dem Ansteigen der Komplexität das System aus einem subkritischen, ordentlichen zu einem kritischen Zustand bewegt, in dem es seine Fähigkeit zur Selbstorganisation entwickeln kann. Durch Strukturierungen von außen kann ein superkritischer Zustand entstehen, in dem die Fähigkeit zur Selbstorganisation wieder verlorengeht.

Wie zentral das Erreichen eines kritischen Zustands für die Fähigkeit eines Systems zur Selbstorganisation ist, wird zu Beginn jeden Wintersemesters an den deutschen Universitäten deutlich. In den Monaten Oktober und November strömen neue Studentenmassen in die Hörsäle und Seminarräume, die Wohnungsnot der Studierendenschaft verschärft sich, die Universitäten und Fachhochschulen bersten aus allen Nähten. Regelmäßig versuchen Studierendenvertreter, durch Protestaktionen auf die Mißstände aufmerksam zu machen. Aber meistens locken sie bei ihren im alltäglichen Kampf um Noten, Seminarplätze und Wohnungen engagierten Kommilitonen nur ein müdes Lächeln hervor. Lediglich wenn eine kritische Masse erreicht wird, entsteht plötzlich eine große Dynamik: Vorher völlig inaktive Studierende besetzen ganze Universitäten, organisieren Seminare und Vorlesungen selbst, übernehmen den Betrieb der Hochschulen in Selbstverwaltung. Die großen Hochschulproteste im Wintersemester 1988/89 lassen sich nicht aufgrund der damaligen besonders schlimmen Situation erklären. Der neue Hochschulentwicklungsplan in Nordrhein-Westfalen, der besonders arrogant und ignorant auftretende Bildungsminister Jürgen Möllemann und die im Jahr vorher gemachten positiven Erfahrungen mit Protestaktionen in Niedersachsen hätten allein wohl keine Studentin hinterm Ofen hervorgelockt. In den Jahren vorher und nachher war die Situation für Studierende jedenfalls in vielen Beziehungen noch katastrophaler. Was waren die Gründe dafür, daß sich trotzdem eine Studierendenbewegung bildete, die von einigen Beobachtern mit der 68er-Bewegung verglichen wurde? Im Detail unwichtige, sich selbst jedoch verstärkende Ereignisse drückten die Studierendenschaft in einen kritischen Zustand, in dem sich die Fähigkeit zur Selbstorganisation voll entfalten konnte. In dem Moment, wo in einigen wenigen Fachbereichen Studierende das Zepter in die Hand nahmen, ging eine Welle der Dynamik durch die Universitäten und Fachhochschulen. Bisher verschüttete Fähigkeiten zum Selbstmanagement wurden dazu benutzt, die Verbindungen zwischen den einzelnen Studierenden, Fachbereichen und Universitäten zu organisieren. Es entstanden Netzwerke von verschiedensten Gruppen und Einzelpersonen, die vorher vermutlich gar nichts voneinander gewußt hatten.

Auch Manager machen – häufig unvorhergesehene – Erfahrungen mit der Fähigkeit zur Selbstorganisation von Systemen in kritischen Zuständen. Endenburg Elektrotechniek zum Beispiel erreichte während der Werftenkrise in den siebziger Jahren einen kritischen Zustand, in dem sich die Fähigkeiten der Mitarbeiter zur Selbstorganisation voll entwickeln konnten. Auf dem Höhepunkt der Werftenkrise 1976 waren die Auftragsbücher des Rotterdamer Unternehmens leer. Mittlere Werften, der wichtigste Kundenkreis zu dieser Zeit, mußten unter dem Druck der Billigkonkurrenz aus Fernost aufgeben oder versuchten, sich mit Reparaturarbeiten notdürftig über Wasser zu halten (vgl. Gottschall 1990). 60 Mitarbeitern und Mitarbeiterinnen der auf Schiffsbau spezialisierten Abteilung Fabricage drohte die Entlassung. Statt jedoch den bereits ausgehandelten Sozialplan durchzuführen, entschieden sich Unternehmensleitung und Mitarbeiterschaft, neue Anwendungen für ihre Produkte zu finden und ihre Angebotspalette auszudehnen. Die Beschäftigten zogen selbständig los, um auf Baustellen Aufträge zu akquirieren und neue Betätigungsfelder für ihr im Schiffsbau erworbenes Know-how aufzutun. In dieser Zeit entwickelte Endenburg Elektrotechniek die ersten radargestützten Sicherungssysteme und expandierte in den Markt für Notstromanlagen (vgl. Gottschall 1990; Stephan 1992)

Der Prozeß der Selbstorganisation verweist nicht mehr vorrangig auf die Elemente, aus denen ein System besteht, sondern auf die Wechselbeziehungen, die sich in Systemen entwickeln können. Im Prozeß der Selbstorganisation sind nicht mehr die Teile oder Elemente wichtig, sondern die Aktionen und Interaktionen, die von ihnen ausgehen. Eine Organisation ist dann nicht mehr Summe ihrer Teile, sondern ein komplexes Gebilde aus Aktionen und Interaktionen von unabhängigen Elementen. Zur Verdeutlichung dieser Überlegung schlägt der amerikanische Organisationsberater Russell L. Ackoff folgendes Gedankenspiel vor: Wir kaufen 555 verschiedene Automodelle, stellen die besten verfügbaren Ingenieure ein und beauftragen sie, den besten Motor, das beste Getriebe, das beste Fahrgestell, die beste Karosserie usw. unter den 555 Modellen ausfindig zu machen. Wenn die Ingenieure die jeweils besten Teile aufgespürt haben, fordern wir sie auf, aus diesen »das beste mögliche Automobil« herzustellen. Wir werden feststellen, daß dieser Hybrid aus Rolls-Royce, Jaguar, Honda, BMW, Mercedes und Fiat selbst einem Opel Manta unterlegen ist. Die Teile passen einfach nicht zusammen, um ein leistungsstarkes Ganzes zu ergeben. Die Leistung eines Systems ist eben nicht die Summe der Leistungen der einzelnen Teile, sondern das Produkt der Interaktionen zwischen den Teilen (vgl. Ackoff 1994).

Diese Verlagerung der zentralen Perspektive von den Leistungen der Einzelteile auf die Art und Weise, wie diese miteinander interagieren, wirft die Frage auf, wie man diese Wechselbeziehungen so gestalten kann, daß sie der Erhaltung und Weiterentwicklung des Gesamtsystems dienen. Wir können von hochkomplexen Systemen, wie dem menschlichen Gehirn, der Ökologie tropischer Regenwälder und den Kolonien von Ameisen, lernen, daß Selbstmanagement und Selbstorganisation nur durch Rückkopplungen möglich sind (vgl. Freedman 1993: 29). Für die Rückkopplungen benötigt die Organisation ständige Selbstbeobachtung (und auch Fremdbeobachtung, z.B. durch Unternehmensberatungen). Durch diesen Prozeß der Reflexion kann sie entscheiden, ob eine Handlung oder Entscheidung in ihrem Sinne ist oder nicht. In der Sprache des kybernetisch geschulten Gründers des holländischen Unternehmens heißt es, daß das einzige Werkzeug zur Steuerung eines Unternehmens ein reflexiver Zirkelprozeß ist. Er vergleicht einen Zirkelprozeß mit der zielgerichteten Fortbewegung auf einem Fahrrad. Unsere Augen, unser Gehirn und Körper bilden einen Zirkelprozeß. In diesem Prozeß würden wir unsere Sicherheit optimieren. Wenn wir uns mit unserem Fahrrad aufs Ziel hinbewegen und durch den Zirkelprozeß steuern und korrigieren – also ständig unsere Richtungsentscheidungen an unserem Ziel (Sinn) orientieren –, können wir, so ermutigt uns Endenburg, sicher sein, unser Ziel zu erreichen (Endenburg 1988a: 151).

Je mehr Interaktionen ablaufen, desto dichter muß die Verflechtung von Feedback-Schleifen sein, desto stärker müssen sich organisationelle Mechanismen der Selbst- und Fremdbeoachtung ausprägen. Die Kommunikations- und Kooperationsprozesse müssen in Netze von Rückkopplungsschleifen eingebunden sein. Organisationen sind dann in letzter Konsequenz nicht mehr Strukturgebilde, sondern ein sich dauernd wandelnder, rückgekoppelter Prozeß.

## 2. Formalisierungsmedien in postbürokratischen Unternehmen

Selbstorganisation, Orientierung auf Interaktionen, Rückkopplungsschleifen, irreguläre Muster, Unmöglichkeit von langfristigen Voraussagen, Unternehmen in begrenzter Instabilität – das sind alles Erklärungsansätze, die unser Verständnis von postbürokratischen Organisationen erhöhen. Gerade weil Prozesse in Organisationen jenseits von Hierarchie und Anarchie nicht mehr so einfach zu erkennen und zu steuern sind, brauchen wir solche neuen Orientierungspunkte. Rückgriffe auf Erkenntnisse der Chaos- und

Komplexitätsforschung geben Anregungen, wie ein neues Denken im Management aussehen könnte: sich Visionen und Versionen von der Zukunft machen, ohne in eine detaillierte Langfristplanung zu verfallen; nicht die Zielerreichung, sondern die Ausnutzung sich spontan ergebender Möglichkeiten in den Vordergrund stellen; sich auf verschiedene Möglichkeiten vorbereiten, ohne sich jedoch auf das Eintreten von bestimmten Entwicklungen zu verlassen; Denken in Rückkopplungsschleifen, Analogien, irregulären Mustern, und nicht in Kausalverbindungen und quantifizierbaren Zusammenhängen; Konzentration nicht auf die Leistung der Einzelelemente einer Organisation, sondern auf die Art und Weise, wie diese interagieren.

Aber mit einem neuen Denken unter Mitarbeitern und Unternehmensberatern allein ist es nicht getan. Unternehmen müssen so gestaltet und ausgerichtet sein, daß sich dieses Denken entfalten kann – und daß Freiräume entstehen, die für Selbstorganisationsprozesse genutzt werden können. Postbürokratische Unternehmen stehen vor der Herausforderung, diese Freiräume zu schaffen, ohne dabei aber Opfer der Flexibilitäts-, Politisierungs- und Komplexitätsdilemmata zu werden. Es wäre illusorisch zu glauben, daß es Organisationsformen gibt, mit denen man den Dilemmata postbürokratischer Unternehmen völlig ausweichen könnte. Die Zauberformel für Freiräume ohne Risiken gibt es nicht. Aber es gibt Strukturen, die besser geeignet sind als andere.

Die Strategien, die die Fähigkeit zur Selbstorganisation stimulieren helfen, können an zwei grundlegenden Organisationsprozessen ansetzen: einerseits an den Beziehungen der Organisation mit ihrer externen und internen Umwelt, andererseits bei der Strukturierung der internen Organisationsabläufe. Das letzte Jahrzehnt hat die Entwicklung von verschiedenen Methoden gesehen, die ermöglichen, interne und externe Unsicherheit zu organisieren (reduzieren), ohne daß dabei die Unternehmen die Fähigkeit zur Selbstorganisation einbüßen.

Erstens: Die Abgabe der Unsicherheit kann sowohl an die äußere Umwelt in Form von Externalisierung als auch nach innen in Form von Internalisierung von Unsicherheit geschehen. Während die nach außen gerichtete Strategie darauf zielt, bestimmte (unsicherheitsbelastete) Unternehmensbereiche auszugliedern, zielt die Internalisierung darauf, Unsicherheiten (und ihre Bearbeitung) an Mitarbeiter zu verweisen und dadurch die Organisation zu entlasten.

Zweitens: Organisationen verfügen, wie in dem Kapitel über Taylorismus und Bürokratie gezeigt, mit den »Medien sozialen Handelns« (z.B. Gruppenregeln), »Medien psychischer Systeme« (z.B. Werte) und »dinglichen Medien« (z.B. Maschinen und Gebäude) über erprobte Mittel und Wege, Organisationen zu strukturieren und Unsicherheit zu reduzieren. Diese Formalisierungsmedien bieten die Möglichkeit, Erwartungssicherheit zu schaffen und Entscheidungsprämissen in »enttäuschungsfester« Weise zu fixieren (vgl. Heidenreich/Schmidt 1992: 47). Während im Taylorismus die Medien sozialen Handelns (Zentralisierung, Bürokratisierung und Hierarchisierung), die Medien psychischer Systeme (etwa Dequalifizierung der Mitarbeiter) und dingliche Medien (etwa Automatisierung und bestimmte Fabrikanlagen) fast idealtypisch auf Stabilität ausgerichtet werden konnten, müssen sie in einer turbulenten Umwelt gleichzeitig den Anforderungen von Stabilität und Flexibilität entsprechen.

In allen aufgezeigten Bereichen (Organisation interner und externer Umwelt sowie den drei Formalisierungsmedien) bildet sich in postbürokratischen Unternehmen auf verschiedene Art und Weise das scheinbare Paradox der Gleichzeitigkeit von Stabilität und Flexibilität ab: Die »Ausweisung« von Unsicherheit zielt auf die Externalisierung und gleichzeitige Integration der externalisierten Unternehmensbereiche. Die interne Umwelt, die »neuen Mitarbeiter« sind für postbürokratische Unternehmen die Garanten für die gleichzeitige Erfüllung der Anforderungen in bezug auf Flexibilität und Stabilität. Unternehmenskultur (Medium psychischer Systeme) produziert abstrahierte Stabilität, um Flexibilität und Wandel zu ermöglichen. Die Gebäude postbürokratischer Unternehmen – ein Mittel der Technisierung (dingliche Medien) von Organisationen – ermöglichen ein Mindestmaß an Sicherheit bei einem gleichzeitigen Höchstmaß an Kapazitäten zur produktiven Ver- und Bearbeitung von Unsicherheit. Kontextsteuerung (Medium sozialen Handelns) zielt darauf, die Unmöglichkeit von Selbstorganisation und Steuerung zusammenzuführen.

| Art des Mediums | Ziel | in postbürokratischen Organisationen |
|---|---|---|
| Medien sozialen Handelns | aufbau- und ablauforganisatorische Regelungen | Kontextsteuerung |
| Medien psychischer Systeme | Werte und verinnerlichte Wertemuster | Unternehmenskultur |
| Dingliche Medien | Eingießung in Technik und Gebäuden | flexible, kommunikationsfreundliche Gebäude |

*Abbildung 6:* Formalisierungsmedien in postbürokratischen Organisationen

Im folgenden geht es darum, exemplarisch vier Strategien zu diskutieren, die die Unsicherheit von Organisationen reduzieren, ohne dabei deren Fähigkeit zur Selbstorganisation von vornherein zu zerstören. Outsourcing, Technisierung, Kontextsteuerung und Unternehmenskultur sind sicherlich keine Allheilmittel. Sie sind gerade in den bisher angewandten Varianten mit vielen Stolperfallen versehen. Trotz ihrer Probleme aber zeigen sie Wege auf, mit denen postbürokratische Unternehmen die Flexibilitäts-, Politisierungs- und Komplexitätsdilemmata in den Griff bekommen könnten.[5]

### *Outsourcing und virtuelle Unternehmen*

Profitcenter sind lediglich eine Verlagerung von Unsicherheiten, aber immerhin gehen die Koordinations- und Kommunikationsprobleme von Profitcentern erst in zweiter Linie die Gesamtorganisation an. Wir finden in den Koordinationsmechanismen zwischen Unternehmenszentrale und Profitcenter Strukturen, die auf der einen Seite ein hohes Maß an Flexibilität mitbringen, auf der anderen Seite aber auch ein Mindestmaß an Festigkeit garantieren. Die Ökonomisierung von Beziehungen zwischen Unternehmenszentrale und Profitcenter basiert auf einer Simulation von

Märkten. Jede Kommunikation zwischen Profitcentern und Zentrale soll – wenn möglich – in ökonomische Semantiken übersetzt werden. Jede Transaktion von Produkten, Personen, Aufgaben usw. wird also in Geldpreise übersetzt.[6]

Die Strategie der Externalisierung von Unsicherheit bei gleichzeitiger Aufrechterhaltung eines Mindestmaßes an Kontrolle über die ausgelagerten Unternehmensteile kann nur funktionieren, wenn es dem Unternehmen gelingt, das Profitcenter im Grenzbereich von Organisation und Umwelt anzusiedeln. Netzwerke bzw. Profitcenter müssen zweierlei sein: eine Vertragsbeziehung zwischen autonomen Akteuren (z.B. zweier in der Forschung kooperierender Unternehmen) und die Ausbildung einer eigenständigen formalen Organisation (Teubner 1992: 203ff). Damit unterliegt das Handeln eines Netzwerkes grundsätzlich einer Doppelorientierung: Es muß sowohl als eigenständige Einheit Profit erwirtschaften als auch das Wohl der Unternehmensgruppe mehren. Eine Handlung wird insofern sowohl der autonomen Einheit als auch der Gesamtorganisation zugewiesen (Teubner 1992: 199f).

Das Verhältnis zwischen der Autonomie des Netzwerkes/Profitcenters und der Loyalität zu den Unternehmensgruppen ist nicht stabil. Profitcenter bzw. Netzwerke tendieren dazu, sich zu selbständigen kollektiven Akteuren zu entwickeln. Durch die Herausbildung selbstreferentieller Verhältnisse, also der Beziehung aller organisationsinternen Abläufe nur noch auf sich selbst, haben Netzwerke grundsätzlich die Möglichkeit, sich von den sie kontrollierenden Unternehmensgruppen freizuschwimmen. Ursache für dieses Potential ist, daß es sich bei Marktnetzwerken und Profitcentern um echte Synergiephänomene handelt: Das Ganze ist mehr als die Summe seiner Teile. Die Eigenschaften von Netzwerken lassen sich nicht mehr durch die beteiligten Elemente erklären, sondern müssen als Ergebnis einer selbstorganisierenden Prozeßdynamik verstanden werden. Marktnetzwerke und Profitcenter sind nicht nur »zwischen«, sondern auch »jenseits« von Vertrag und Organisation angesiedelt (Teubner 1992: 190). Dieser Synergie- oder Emergenzeffekt ist es, der postbürokratischen Unternehmen einen erfolgreichen Umgang mit einer extrem turbulenten Umwelt erlaubt. Die »Verknotung« organisationeller Abläufe mit externen Unsicherheiten (und Möglichkeiten) führt dazu, daß diese externen Unsicherheiten beherrschbar sind.

Diese Entwicklung findet ihre Extremform in sogenannten »Kleeblatt-Organisationen« und »virtuellen Unternehmen«. Die Kleeblatt-Organisation, ein vom Unternehmensberater Charles Handy (1990, 1993) geprägter Terminus, besteht aus einer Kernorganisation, in der nur noch wenige hochbezahlte Koordinatoren arbeiten, während der große Teil der Arbeit von Subunternehmern erfüllt wird, die nicht für ihre Zeit, sondern für ihre Ergebnisse bezahlt werden. In Spitzenzeiten kommen noch flexible Arbeitskräfte hinzu, die nur zeitweise eingestellt werden.[7] Virtuelle Unternehmen bestehen vor allem aus einem komplexen Informationssystem und aus Subunternehmen. Der Wirtschaftsjournalist John A. Byrne (1993) und der Unternehmensberater William H. Davidow (mit Malone 1993) nennen Technologie, Spitzenleistungen, Vertrauen und Kurzfristigkeit als wichtige Merkmale virtueller Unternehmen. Durch den Einsatz neuer Informations- und Kommunikationstechnologien verbinden sich Unternehmen, die durch die Konzentration auf ihre Kernkompetenzen hervorragende Leistungen erbringen können. Da eine Leistung gemeinsam erbracht wird, müssen die Beziehungen vertrauensvoll sein. Die Beziehungen existieren jedoch nur so lange, wie die gemeinsame Leistung erbracht wird. Nach Auftragserfüllung werden sie aufgelöst.

Als Beispiel für virtuelle Unternehmen nennt der (Noch-) Marketingchef von IBM Deutschland, Bernhard Dorn (1992), Speditionen, die keine eigenen Wagen und Fahrer haben, sondern lediglich mit einem komplexen elektronischen Logistiksystem und Subunternehmern arbeiten. Die Sozialwissenschaftler Ulrich Mill und Hans-Jürgen Weissbach (1993: 34) berichten von dem Prototyp eines virtuellen Unternehmens. Dieses Vermittlungsunternehmen kauft »seine« Produktideen von Design-Unternehmen, übergibt die Produktion und Verpackung an einen Lieferanten in Hongkong, der selbst arbeitsintensive Produktionsprozesse in Kleinbetriebe auslagert. Den Vertrieb führen unabhängige Verkaufsrepräsentanten durch, und selbst finanzielle Forderungen des Unternehmens werden an spezialisierte »Schuldeneintreiber« verkauft. Dadurch kann mit nur 115 Beschäftigten ein Jahresumsatz von 58 Millionen Dollar erzielt werden.

Das große Risiko einer marktmäßigen Organisierung von Produktionsprozessen ist jedoch, daß das koordinierende und damit häufig mächtige Unternehmen dem Drang nicht widerstehen kann, stark strukturierend in die eigentlich selbständigen Einheiten einzugreifen. Für zu viele Mutterunternehmen, die sich verbal der Profitcenterlogik verschreiben, bleibt es – ganz in tayloristischer Tradition – der Traum, absolute Sicherheit über das Verhalten der selbständigen Einheiten zu haben. Sie wollen trotz der marktmäßig und damit unsicher organisierten Beziehungen zu den autonomen Einheiten nach wie vor das Sagen haben. Also versuchen sie, die gerade ausgegliederten Unternehmensbereiche, die jetzt ja eigentlich Marktbedingungen unterliegen, wieder zu organisieren, und zwar aus der Perspektive des Unternehmens so, daß die Unsicherheiten einzig und allein bei den Profitcentern und Subunternehmen bleiben.

Ein besonders gutes Beispiel für diese Strategie ist die Beziehung zwischen Ölgesellschaften und »ihren« offiziell selbständigen Tankstellen: Der Tankstellenpächterin, hochtrabend von Ölgesellschaften auch Stationsmanagerin genannt, werden kostenlos das Gelände und der Rohbau zur Verfügung gestellt. Diese können jedoch jederzeit wieder entzogen werden. Durch die Aufnahme von Krediten muß die Pächterin die Tankstelle selbst einrichten und eine Grundausstattung von Produkten kaufen. Die Ölgesellschaft zwingt die Pächterin nicht nur, eine vorgeschriebene Menge des eigenen Benzins abzunehmen, sondern auch, die Produkte für ihren Tankstellenshop bei der Gesellschaft zu überteuerten Preisen einzukaufen. Durch diese vertraglich festgelegten Beziehungen kann man die Pächterin nahezu vollkommen kontrollieren. Sobald sie mehr Geld einnimmt, als ihr die Gesellschaft zugestehen will, wird die Pachtgebühr erhöht. Ölgesellschaften achten gewissenhaft darauf, daß die Pächterin von dem erwirtschafteten Geld weder leben (das würde den Unternehmensprofit senken) noch sterben (auch das wäre nur begrenzt sinnvoll) kann. Durch die beim

Einstieg geforderte Verschuldung gibt es für die Pächterin aber kaum eine Möglichkeit, aus diesen ungleichen Vertragsbeziehungen auszusteigen. Aus der Tankstellenpächterin wird indirekt durch überhöhte, sich an ihre Mehreinnahmen anpassende Pachtgebühren das Maximum herausgepreßt. Das nötigt sie, sich durch die Beschäftigung von Schwarzarbeitern und dem Übertreten des Ladenschlußgesetzes am Rande oder außerhalb der Legalität zu bewegen. Die Ölgesellschaften können in den wenigen bekanntwerdenden Fällen ihre Hände in Unschuld waschen und die Pächterin als schwarzes Schaf hochverschuldet aus dem Pachtverhältnis entlassen.[8]

Die Unternehmenszentrale erzielt durch diese Zuweisung von Arbeit an Subunternehmer und Profitcenter also nicht nur Effizienzvorteile, sondern erreicht dadurch auch illegitime Risikoverlagerung und Haftungsbegrenzungen (Teubner 1992: 209). Das System der »Selbständigkeit« von Tankstellenpächtern zeigt, auf welche Weise das Unternehmen interne Unsicherheiten reduzieren (und Profite erhöhen) kann.

In virtuellen Unternehmen droht die Abwälzung von Unsicherheiten auf formal unabhängige Profitcenter auf die Spitze getrieben zu werden: Für die regelmäßigen Geschwindigkeitsüberschreitungen aufgrund des Termindrucks einer (in der Wahrnehmung des Kraftfahrers gar nicht so) virtuellen Spedition hält dann nur noch der selbständige Subunternehmer den Kopf hin. Wiewohl die »Vampirtechnik« von Ölgesellschaften oder virtuellen Transportunternehmen kurzfristige Gewinne verspricht, bleibt der langfristige Erfolg äußerst zweifelhaft. Nicht nur, daß unzufriedene und sich ungerecht behandelt fühlende Tankstellenpächter und Lastkraftfahrer langfristig das Wohlergehen eines mehr oder minder virtuellen Unternehmens gefährden; auch die Chancen, die in einer marktmäßigen Organisation von Unternehmensbeziehungen stekken, werden bei der zugrundeliegenden Gewinner-Verlierer-Logik nicht ausgeschöpft. Die Kreativität der selbständigen Einheiten und ihre Fähigkeit zur Selbstorganisation werden unnötig beschnitten, und wichtige Eigeninitiativen werden gehemmt oder darauf gelenkt, wie man die virtuelle Muttergesellschaft am besten austricksen kann.

Den zwiespältigen Charakter von Technisierung – die Möglichkeit zur Erzeugung von Stabilität und Flexibilität – haben wir bereits eingehend analysiert. Technisierung bzw. Maschinisierung war in bürokratischen Unternehmen ein zentrales Instrument der Kontrolle von Arbeitsprozessen: Der Beherrschungswille war »tief in Maschine und Organisation eingeprägt« (Gorz 1973: 12). In dieser Unternehmensform wurde Technisierung als ein Prozeß verstanden, mit dem subtile, unmerkliche und deshalb um so wirksamere Formen der Machtausübung etabliert werden konnten (Zündorf 1982: 169f; Ortmann et al. 1991: 21). Technisierung trägt zur Erzeugung von Stabilität bei. Sie führt in den Worten Luhmanns zu »einer Entlastung sinnverarbeitender Prozesse des Erlebens und Handelns von der Aufnahme, Formulierung und kommunikativen Explikation aller Sinnbezüge, die impliziert sind« (Luhmann 1975a: 71; vgl. Heidenreich/Schmidt 1992: 46).[9] Die Einführung der Schreibmaschine, so ein simples Beispiel vom Organisationstheoretiker Charles Perrow (1986), machte die vorher existierenden Regeln über die Größe und Form von Buchstaben überflüssig. Die Informations- und Kommunikationstechnologie hat, wie der Soziologe Wolf Heydebrand (1989: 341) betont, dieses Prinzip weiter revolutioniert. In ihr können formale Regeln, bürokratische Prozeduren und externe Kontrollen vorprogrammiert werden. Vorher mühsam ausgehandelte und schriftlich fixierte Ablaufprozeduren können nun in die Computersoftware, die technischen Sprachen und Codes eingebaut werden.

Diese Vereinfachung durch die Technisierung von Abläufen schafft jedoch eine neue Komplexität auf höherer Ebene. Die Organisation kann sich einerseits durch die »Entlastung« neue Möglichkeiten erschließen, muß sich jedoch andererseits mit neuen Abstimmungsnotwendigkeiten außerhalb des unmittelbar von der Technisierung betroffenen Prozesses auseinandersetzen: Die Technik muß produziert und installiert, kontrolliert und gewartet werden.[10] Es ist die »Ironie« der Technisierung und Automatisierung (Bainbridge 1987), daß zwar durch Technik elementare Abläufe vereinfacht und Fehler erster Ordnung vermieden werden können, gleichzeitig jedoch Kontrollen auf höherem Niveau und die Beobachtung von Fehlern zweiter Ordnung nötig werden (Tacke 1992: 9).

Unter Anforderungen nach Flexibilität und Innovation ist es notwendig, den Technisierungsprozeß möglichst offen zu gestalten. Die Schaffung von Stabilität durch Technisierung und die spätere Nutzung dieser Technik müssen nahe beieinanderliegen: Computerprogramme zum Beispiel müßten dem User die Möglichkeit lassen, selbst Wiederholungen zu programmieren (und sei es nur durch die Schaffung von Druckformatvorlagen in der Textverarbeitung). Es sollten nur noch grobe Strukturen vorgegeben werden, in denen ein Höchstmaß an Flexibilität ermöglicht wird. Das beste Computerprogramm wäre demnach ein Programm, das dem/r Benutzer/in alles erlaubt, was sich im Rahmen der Aufgabenstellung (z.B. Datenverwaltung) befindet. Wie Technisierung den Anforderungen sowohl von Stabilität als auch von Flexibilität gerecht werden kann, läßt sich eindrucksvoll anhand der Gestaltung von Gebäuden postbürokratischer Unternehmen veranschaulichen.

Die Architektur tayloristisch-fordistischer Unternehmen war auf totale Kontrolle ausgerichtet. Die Ästhetik der Gebäude sollte jene Haltung, jenen Geist ausdrücken, der intendiert war – die »Betonung von Hierarchie und Macht« (Schnelle 1989: 1). Räumlichkeiten waren so angelegt, daß man sie von einer zentralen Position aus übersehen konnte und ein sofortiger Zugriff auf die Arbeiter möglich war. Es bestand eine »Architektur der Disziplin« (Foucault 1992), die sich nicht grundlegend von der von Gefängnissen und psychiatrischen Anstalten unterschied. In postbürokratischen Unternehmen wäre eine solche Architektur verheerend. Ein flexibilitätsorientiertes Unternehmen kann sich nicht in den gleichen Räumlichkeiten entwickeln, in denen über Jahre durch Separierung und Kontrolle ewige Stabilität angestrebt wurde. Eberhard Schnelle von der Firma Metaplan verweist auf die Potentiale der Architektur, Wandlungsprozesse zu unterstützen: »Architektur kann einen wesentlichen Beitrag dazu leisten, die Kommunikation von Managern und Sachbearbeitern zu dynamisieren. Die Philosophie, die Beteiligten am Willensbildungsprozeß in der offenen

Phase der Entscheidungsfindung einzubeziehen, soll in der Architektur Ausdruck finden« (Schnelle 1989: 8). Angestrebt wird von ihm eine Architektur, die Gruppenarbeit jeder Art, jeder Größe und jedes Zwecks ermöglicht. Als Kernstück der »neuen Kommunikationsarchitektur« wird ein Forum als zentraler, offener Ort für alle Arten von Veranstaltungen – spontanem Gedankenaustausch, kleinen Kongressen, Informationsmärkten, Symposien, Vorträgen und vielem mehr – vorgeschlagen (ebd.).

Diese Kommunikationsarchitektur wird sowohl bei Endenburg als auch bei Ploenzke angestrebt, aber besonders im Falle von Metaplan eindrucksvoll umgesetzt: Die Architektur ist geprägt durch viel Licht und wenig Wände. In den Räumen können entweder größere Gruppen oder kleinere Arbeitseinheiten tagen, auch für individuelle Arbeit bleibt – wenn auch wenig – Platz. Keiner der Berater besitzt einen festen Arbeitsplatz oder einen eigenen Telefonapparat. Das einzige »Private« ist eine Hängemappe, in der sich die Post, Notizen und Unterlagen befinden. Alle Räume und Funktionsbereiche (Gruppenräume, Sekretariat, Empfang, Küche) gehen fließend ineinander über. In einer solchen Architektur wird das Prinzip der irregulären Musterbildung in Stein und Glas gegossen. Es gibt einen groben Orientierungsrahmen, in dem die verschiedenen Elemente (Stühle, Tische, Telefone, Stellwände) nahezu beliebig verschiebbar sind. Es gibt viele Wandlungsmöglichkeiten bei gleichzeitiger Beibehaltung eines Minimums an übergeordneter Stabilität und Orientierung.

### *Kontrollierte Autonomie und Kontextsteuerung*

Kontrollierte Autonomie oder Kontextsteuerung zielt auf eine Erhöhung der Teilbereichsautonomie bei gleichzeitiger Beibehaltung der Steuerungswirkung von Kontexten (vgl. Willke 1987: 170). Bei der »kontrollierten Autonomie« (Naschold 1985) oder »verantwortlichen Autonomie« (Friedman 1977) handelt es sich um einen Versuch des Managements, die wachsende Unvereinbarkeit der unternehmerischen Basisinteressen der Leistungs- und Herrschaftssicherung durch das Zugestehen von basisnahen Verantwortlichkeiten zu umgehen (vgl. Breisig 1990: 66). Der Ploenzke-Manager Fuchs erklärt, daß das Management nicht mehr »mit eiserner Hand den exakten Kurs halten«, sondern sich darauf beschränken sollte, einen »Zielkorridor« zu beschreiben, der jedem Mitarbeiter die Möglichkeiten ließe, »seinen eigenen Weg zu gehen, seine eigenen Erfahrungen zu machen, zu experimentieren und auch Fehler zu machen«. Seiner Meinung nach können sich »Wissen und Qualifikation des gesamten Unternehmens« nur erweitern, wenn Möglichkeiten zur »Selbstkontrolle und Selbstkorrektur, wenn Fehlertoleranz statt Fehlerfreiheit und ein offenes Kommunikationsklima zum Austausch von Erfahrungen« gegeben seien (Fuchs 1991: 7). Im Fall der kontrollierten Autonomie bleibt das Management jedoch Herrscher über den Rahmen, in dem sich die Mitarbeiter bewegen können. Fuchs stellt klar: »Die Unternehmensleitung ist für (die) Rahmenbedingungen verantwortlich, für die ›weichen‹ Faktoren im Unternehmen, für die Gemeinsamkeiten wie Corporate Identity, Führungsgrundsätze, Verhaltensgrundsätze und Qualitätsbewußtsein.« Auch wenn er dies als »Service« des Managements an die Mitarbeiter und Mitarbeiterinnen kaschiert, handelt es sich offensichtlich um den Versuch, die Definition des Musters beim Management zu monopolisieren.

Die Kontextsteuerung geht über dieses begrenzte Verständnis indirekter Steuerung hinaus. Sie basiert auf dem Zugestehen dieser kontrollierten Autonomie, beteiligt die autonomen Einheiten jedoch auch an der Bildung des Kontextes. Unter Kontextsteuerung versteht der Bielefelder Soziologe Helmut Willke »die reflexive dezentrale Steuerung der Kontextbedingungen aller Teilsysteme und autonome Selbststeuerung jedes einzelnen Teilsystems« (Willke 1989b: 86). Als dezentrale Akteure sind die einzelnen Einheiten an der Formulierung des übergeordneten Musters beteiligt. Diese Beteiligung an der Festlegung des übergeordneten Musters – z.B. in Kommissionen, Ad-hoc-Gruppen, integrativen Instanzen – schafft die Voraussetzung dafür, die jeweilige Selbststeuerung auf die Prämissen der Kontextsteuerung auszurichten. Es ist eine »Selbstbindung über Partizipation« (Willke 1989b: 86f). Dem liegt die Idee zugrunde, daß eine Kommunikation von Organisationsmitgliedern auf freiwilliger Basis eine Koordination kollektiven Handelns erreichen kann. Durch den Austausch von Erwartungen, Anforderungen, Informationen und Interessen sollen Ziele gemeinsam definiert und realisiert werden (Willke 1989a: 135ff; vgl. Mingers 1992: 44). Durch diese Form der Steuerung, so glaubt Willke, kann das »Dilemma funktionaler Differenzierung« durch eine »Kombination von Partizipation und Selbstverpflichtung« aufgehoben werden. Hier trifft sich sein Optimismus mit dem Enthusiasmus des Leiters des holländischen Unternehmens, der auch davon ausgeht, daß das soziokratische Modell das Problem der vertikalen Differenzierung lösen kann.

Bei der Soziokratie handelt es sich – von »Soziokraten« und »Kontextsteuerern« bisher nicht bemerkt – um die gedankliche Weiterentwicklung und formalisierte Festschreibung der Idee der Kontextsteuerung. Die Betriebskreise oder Steuerungsgruppen sind Entscheidungsgremien, um die gesamte Geschäftspolitik zu bestimmen (vgl. S. 76f). Sie erleichtern, wie Gerard Endenburg hervorhebt, nicht nur »die Konsensfindung vor der Entscheidung«, sondern auch die »spätere Umsetzung getroffener Beschlüsse innerhalb der ›normalen‹ hierarchischen Struktur«. Die Betriebskreise bestehen aus je zwei Vertretern der einzelnen Abteilungen. Der eine ist der von dem Betriebskreis benannte Abteilungsleiter, der andere ein von den Abteilungsmitarbeitern gewählter Delegierter. Das erleichtert die »Verzahnung der verschiedenen Ebenen der Aufbaustruktur« (Endenburg 1992a: 139).

Das »Dogma« des Konsensprinzips, der doppelten Bindung und der Personalwahl bietet eine organisatorische Antwort für ein fundamentales Problem der Kontextsteuerung. Bei der Kontextsteuerung geht man davon aus, daß der Prozeß der Abstimmung zwischen vertikal differenzierten Einheiten im Rahmen einer Kontextsteuerung zwar konfliktreich, aber relativ problemlos möglich ist. Die Abstimmung zwischen verschiedenen Einheiten wäre aber nur dann unproblematisch, wenn die Rationalitäten der Einheiten gleich wären. Aber spätestens seit Herbert Simon (1957) wissen wir, daß es in Organisationen nur begrenzte und lokale Rationalitäten (vgl. Cyert/March 1963) gibt, daß man in Unternehmen also – wenn überhaupt – nur eine Ansammlung von Teilrationalitäten findet (Crozier/Friedberg 1977: 93f). Wenn es also nicht so etwas wie eine übergeordnete Rationalität gibt, kann es sich bei dem Prozeß des Aushandelns von Mustern immer nur um eine Kompromißbildung handeln. Dies verlangt nach Mechanismen, die ermöglichen, daß alle Teilnehmer mit dem Resultat der Muster- bzw. Kontextbildung einverstanden sind. Sonst würde das Prinzip der Kontextsteuerung versagen. Bei dem soziokratischen Modell handelt es sich letztlich um nicht mehr und nicht weniger als eine dogmatische Festlegung des Prozesses der organisatorischen Musterbildung. Erst durch die Sicherheit einer Formalisierung dieses Prozesses kann dann auch damit gerechnet werden, daß die teilautonomen Einheiten das Muster bzw. den Kontext auch wirklich akzeptieren.

Das generelle Problem der begrenzten Rationalitäten in Organisationen verweist auf das Risiko, auf Hierarchien vollkommen zu verzichten. Deswegen ist auch nicht verwunderlich, daß es, trotz der Anti-Hierarchie-Rhetorik in dem deutschen und dem amerikanischen Unternehmen und in bestimmten Managementlektüren (siehe »Destroy the hierarchy«, in: Peters 1988a: 637), in keinem der von mir untersuchten Unternehmen zu einem völligen Abbau der Hierarchie gekommen ist. Wenn es hart auf hart geht, bleibt in jedem Unternehmen die Möglichkeit des zentralen Durchsetzens einer Entscheidung. Im niederländischen Unternehmen wird diesem Faktum ganz bewußt Rechnung getragen. Es gibt bei Endenburg Elektrotechniek nach wie vor Direktoren, Vizedirektoren oder erste und zweite Monteure. Prestigewert, so stellt der Wirtschaftsjournalist Dietmar Gottschall fest, haben diese Titel jedoch nicht mehr. Durch die soziokratische Organisation wird die traditionelle Hierarchie nicht angetastet, aber umfunktioniert: »Sie dient jetzt nur noch zur Durchsetzung der im Konsens getroffenen Entscheidungen.« (Gottschall 1990) Hierarchie wird darin zu einer »Abfolge von Gliedern« (Endenburg 1988: 63), deren Kommunikation durch das Prinzip von Konsens, doppelter Bindung und Personenwahl reguliert wird. Auch in anderen adhocratisch organisierten Unternehmen greift man bei der Durchsetzung von (bestimmten) sensiblen Entscheidungen immer wieder auf eine – wenn auch jetzt tabuisierte – Hierarchie zurück. Paradoxerweise bleibt Hierarchie in beschränktem Rahmen ein bedeutendes »Koordinierungsinstrument nichthierarchischer Kooperationsformen« (Heidenreich/Schmidt 1992: 135; vgl. Hildebrandt/Seltz 1989: 225ff).

### *Unternehmenskultur – »Ein dünnes Apfelhäutchen von Kultur über glühendem Chaos«*[11]

Durch den gleichzeitigen »Abbau von Autoritäten und Hierarchien«, so stellt der Vorsitzende des Verwaltungsrates von Nestlé, Helmut Maucher, fest, sei der »Vertrauensvorschuß in die Eliten erheblich geschrumpft, und damit ist auch zwangsläufig das Regieren von Menschen ... schwieriger geworden«. Es sei eine entscheidende Zukunftsaufgabe, diesen Vertrauensverlust durch »Sinn-, Glaubens- und Visionsstiftung« auszugleichen (zitiert nach Sinn/Weber 1991: 22). Unternehmenskultur bzw. Corporate Identity ist zur Zeit die populärste Form der Sinn-, Glaubens- und Visionsstiftung. Wahre »Orgien humanistischer Prosa«, so stellt Ulrich A. Wever fest, brechen über die Mitarbeiter und Mitarbeiterinnen herein. Unternehmensbroschüren singen im »gefälligen Tiefdruckverfahren auf schwerem Papier das Hohelied der Kooperationsbereitschaft, der Verantwortung für Gesellschaft, Umwelt und Mitarbeiter« (Wever 1992; vgl. Getschmann 1992: 301).

Da sich die Hoffnungen auf Planbarkeit, Gestaltbarkeit und umfassende Steuerbarkeit als trügerisch erwiesen haben (vgl. Bardmann/Franzpötter 1990: 424), versuchen Unternehmen, über Organisationskulturen einen neuen, intelligenteren Integrationsmodus zu finden. Durch Organisationskulturen, so verspricht uns der Soziologe Erwin Deutschmann, wäre eine Organisation nicht nur in der Leitung, sondern auf jeder Entscheidungsebene fähig, eine von Luhmann beschriebene Tugend auf sich selbst anzuwenden: »mit formalen Vorgaben reflektiv umzugehen, sie nicht als etwas, was so und nicht anders sein kann, sondern als eine unter anderen Möglichkeiten zu behandeln« (Deutschmann 1987: 140).

Die Ausbildung von Unternehmenskulturen, ein zunehmend

zentral werdendes Instrument in postbürokratischen Unternehmen, basiert auf einem eigentlich selbstverständlichen Vorgang. In jeder Organisation bilden sich eine oder mehrere Kulturen aus. Die Ansammlung ähnlicher Erfahrungen, gleichartiger Entscheidungen und die Ausrichtungen auf einen begrenzten Sinn verfestigen sich in Kulturen. Dabei handelt es sich bei Kulturen nicht um die »Diktatur« gemeinsam getragener Werte, Symbolen, Mythen und Legenden, sondern um das veränderbare Ergebnis einer »sozialen Konstruktion«. Es handelt sich, wie Hofstede (1980: 13) es ausdrückt, um eine »kollektive Programmierung des Geistes«. Aufbauend auf dieser Annahme, definiert der Berliner Ökonom Meinolf Dierkes (1988: 557) Organisationskulturen als das »Muster« der grundlegenden Annahmen, die eine bestimmte Gruppe von Menschen in ihrem Bemühen, die »Probleme der Anpassung an ihre externe Umwelt und der internen Integration« zu lösen, entwickelt hat. Dadurch können neuen (und alten) Mitgliedern der Gruppe die »richtige« Wahrnehmung und das »richtige« Denken in bezug auf diese beiden Probleme vermittelt werden (vgl. Schein 1984: 3).

Der holländische Soziologe Wil Martens verweist zu Recht darauf, daß ein Kulturbegriff, der von einer Einheitlichkeit von Symbolik in einer Organisation ausgeht (z.B. bei Morey/Luthans 1985: 221), lediglich in »traditionellen Gesellschaften« mit hierarchisch organisierten Wert- und Interpretationsschemata vorzufinden ist. In modernen Gesellschaften vermutet er vielmehr ein Nebeneinander von verschiedenen Symbol- und Wertesystemen (1989: 138f; vgl. Dierkes 1988: 563). Deswegen hält er den Begriff der Semantiken für geeigneter als den der Kultur. Semantiken weisen auf die Vielfältigkeit von Symbol- und Wertesystemen und die lediglich losen Beziehungen zwischen symbolischen Systemen und sozialen Gruppierungen hin. Obwohl damit zu rechnen ist, daß sich in Organisationen eine Leitsemantik ausbildet, herrscht doch insgesamt eine große Vielfalt von Semantiken.

Insofern handelt es sich bei der Unternehmenskultur oder Corporate Identity in gewisser Weise um eine Unmöglichkeit. Unter dem Begriff der Unternehmenskultur wird angestrebt, die

Vielfalt von Semantiken zu reduzieren. Es wird dabei jedoch versucht – frei nach Willy Brandt –, »zusammenwachsen zu lassen, was nicht zusammengehört«. Unternehmenskulturen sind, wie Theodor Bardmann und Reiner Franzpöter (1990: 434) hervorheben, eben nicht rational beherrschbar, formal programmierbar und technokratisch verwaltbar. Gerade im Hinblick darauf, daß Unternehmenskulturen häufig zentral verordnet, in den Worten des Geschäftsführers von Ploenzke Informatik als »Service« der Unternehmensleitung für die Mitarbeiter erbracht werden (Fuchs 1991: 7), ist es verständlich, daß Unternehmenskultur lediglich als eine raffiniertere Kontrolle durch das Management verstanden wird; daß es letztlich nur darum gehe, die Hegemonie des Kapitals auf Legitimation und Anerkennung der Spielregeln auszuweiten (Gramsci 1969; vgl. Kolm/Wagner/Volst 1988: 53).

Aus diesem Dilemma kann sich eine Organisation nur dadurch lösen, daß sie Akzeptanz für die Unternehmenskultur erzeugt. Eine von oben verordnete Unternehmenskultur droht von vornherein an ihrem eigentlichen Zweck vorbeizugehen, wenn sie nicht auf die Zustimmung der Subeinheiten, Statusgruppen und der einzelnen Mitarbeiter und Mitarbeiterinnen stößt. Gerade dadurch, daß sich in postbürokratischen Unternehmen autonome Subeinheiten ausbilden können und sollen, wird das Problem der Integration unterschiedlicher Semantiken verschärft. Eine Zustimmung kann nur noch dadurch erzielt werden, daß die einzelnen Einheiten sich auf eine übergeordnete Unternehmenskultur einigen. Das übergeordnete Muster wird dann nicht über die Notwendigkeiten der Organisation, sondern durch das Verfahren der allgemeinen Zustimmung legitimiert.

Nicht genug damit, daß es aufgrund der begrenzten Rationalitäten und verschiedenen Semantiken nur schwer möglich ist, eine Unternehmenskultur auszubilden. Darüber hinausgehend stellt sich das Problem, wie ein Unternehmen, das »Wandel als das einzige Stabile« ansieht, eine Unternehmenskultur ausbilden kann. Für postbürokratische Unternehmen gibt es als einen Rettungsanker die Tatsache, daß man als Wirtschaftsorganisation dazu verdammt ist, die eigene Zahlungsfähigkeit zu erhalten. Nun wäre eine

Unternehmenskultur, die auf der Feststellung basiert »Wir sind als Organisation auf der Welt, um Profit zu machen«, jedoch wohl zu ehrlich. Lediglich in einem der untersuchten Unternehmen – übrigens ohne teuer erkauftes Unternehmenskulturkonzept – wurde diese Ehrlichkeit aufgebracht. In einer kontroversen Diskussion über die Frage, ob man mit in umstrittene Rüstungsgeschäfte verwickelten Unternehmen zusammenarbeiten sollte, wurde von einem Geschäftsführer klargestellt, daß man sich den »Luxus« solch einer primär an der moralischen Semantik orientierten Diskussion nur leisten könne, solange man der Leitsemantik der wirtschaftlichen Zahlungsfähigkeit Rechnung trage.

Vorausgesetzt, dieses »ehrliche« Unternehmenskulturkonzept ist für die interne und externe Organisationsumwelt zu direkt, gibt es noch einen zweiten Rettungsanker für postbürokratische Unternehmen. Sie können Wandel als Leitgedanken ihres Unternehmenskulturkonzeptes benutzen. Dies führt jedoch in letzter Konsequenz zu einem Paradox: »Wandel« oder »Varietät«, der Mechanismus also, der letztlich die Organisation an den Rand der Selbstauflösung treibt, wird dazu benutzt, die Organisation zu stabilisieren.[12]

Trotz dieser oben aufgezeigten Probleme ermöglichen Unternehmenskulturkonzepte die Einigung von Mitarbeitern eines Unternehmens auf den groben Kontext ihres Beisammenseins. Die Unternehmenskultur droht zwar – wenn ihre Brüchigkeit klar wird – an Überzeugungskraft zu verlieren, bietet aber für einen begrenzten Zeitraum einen stabilen Orientierungsrahmen. Unternehmenskulturen dienen dazu, den Kunden einheitlich gegenüberzutreten, ihnen mit allem Respekt zu zeigen, wo die Grenzen zwischen ihnen und der Organisation sind. Vorrangig geht es jedoch um die Integration der Mitarbeiter und Mitarbeiterinnen. Unternehmenskultur ist dabei ein Instrument, den Mitgliedern klarzumachen, was der Unterschied zwischen »draußen« und »drinnen« ist und was die innere Struktur eines Unternehmens ausmacht. Dabei gilt: Je fließender die Grenzen zwischen Umwelt und Organisation sind, desto notwendiger und schwieriger ist die Integration durch eine Organisationskultur – und je fließender die Grenzen, desto größer die Wahrscheinlichkeit, daß die Integrationsversuche lediglich eingeschränkt und nur zeitweise erfolgreich sein werden.

## 3. Wir stehen erst am Anfang – Ausblick

Dieses Buch ist ein Plädoyer, in der Auseinandersetzung mit postbürokratischen und posttayloristischen Organisationsformen bescheidener zu sein. Statt der bei vielen Managern beliebten Ausrufezeichen hinter den Rezepten für die Gestaltung neuer Organisationsformen wären nicht selten Fragezeichen angebracht. Unsicherheit und Verunsicherung – in den flexibilitätsorientierten Unternehmen ein allgegenwärtiges Phänomen – sind auch für den Macher, Betrachter und Berater postbürokratischer Organisationen angesagt. Labilität von Strukturen, lose Kopplungen von organisationsinternen Beziehungen und die Orientierung an Flexibilität statt an Stabilität haben zur Folge, daß sowohl generelle Aussagen als auch allgemeine Ratschläge in bezug auf Wirtschaftsorganisationen schwieriger werden.

Einiges läßt sich – aller Bescheidenheit zum Trotz – jedoch konstatieren: Der tayloristische Siegeszug ist vorbei. In allen untersuchten Unternehmen herrscht Einigkeit, daß die wachsende Komplexität in Wirtschaft und Gesellschaft »nicht durch noch mehr Richtlinien, noch mehr Regeln, noch mehr Kontrolle und noch mehr Bürokratie« in den Griff zu bekommen ist (Ploenzke AG 1991: 15). Es kommt indessen nicht, wie uns bestimmte Postbürokraten glauben machen wollen, zu einer neuen Dominanz von Flexibilität, Innovation und Wandel. Die Gefahr, an einem »Zuviel an Möglichkeiten« zugrunde zu gehen und die Machtkämpfe nicht mehr kontrollieren zu können, zwingt Unternehmen, Auswege aus dem Dilemma gleichzeitiger Flexibilitäts- und Stabilitätsanforderungen anzustreben.

Unternehmenskulturen, Kontextsteuerung, relativ offene Technisierung von Abläufen und Externalisierung von Unsicherheiten sind Indizien, daß wir es auf verschiedenen Ebenen mit einem neuen Mischverhältnis von Wandel und Stabilität zu tun haben.

Statt eines völlig neuen, einzig auf Wandel und Selbststeuerung setzenden Organisationstyps handelt es sich bei postbürokratischen Organisationen um einen neuartigen Zusammenbau von herkömmlichen stabilitätsorientierten Organisationsprinzipien mit Elementen einer eleganteren dezentralen, flexiblen Steuerung und der Zuweisung von begrenzter Autonomie an die Mitarbeiter und Mitarbeiterinnen.

Dabei geht es um mehr als nur ein erneutes Austarieren zwischen Stabilität und Flexibilität. Es tritt ein qualitativer Sprung in der Verknüpfung dieser beiden Mechanismen auf. Nur so läßt sich erklären, daß im gleichen Moment Unternehmen in kleinere Einheiten zerfallen und sich durch Vernetzungen zu machtvollen Konglomeraten entwickeln; daß Technisierung gleichzeitig Komplexität vereinfacht und Komplexität steigert; daß dieselben Organisationen sich weiter ausdifferenzieren und durch Enthierarchisierung und Dezentralisierung entdifferenzieren; daß postbürokratische Unternehmen sowohl die Mitarbeiter ermächtigen als auch das Management in seinen zentralen Funktionen belassen; daß Unternehmen in der Lage sind, externes Chaos produktiv umzusetzen, ohne selbst an den Flexibilitätsanforderungen zugrunde zu gehen.

# Anhang

# Methodisches Vorgehen

> Die meiste Zeit vertun wir damit, daß wir die Dinge nicht zu Ende denken.
>
> *Alfred Herrhausen*

Meine überwiegend theoretisch argumentierende Arbeit wird durch zwei Arten von Empirie gestützt: Materialien über vier postbürokratische Unternehmen und aktuelle Managementliteratur. Während durch den Rückgriff auf die Managementliteratur das neue Denken in Managementkreisen generalisiert werden soll, dienen die Materialien aus den vier Unternehmen der Darstellung postbürokratischer Wirtschaftsorganisationen – so, wie sie von den Unternehmen selbst gesehen werden, und so, wie sie sich gern gesehen haben möchten. Diese beiden von mir benutzten Arten der Empirie gehen fließend ineinander über: Die Managementliteratur greift auf Fallstudien über postbürokratische Unternehmen zurück, und die Veröffentlichungen der vier untersuchten Unternehmen verstehen sich häufig auch als Beitrag zur Diskussion in Managementkreisen.

Die von mir verwendete Managementliteratur setzt sich zusammen aus neueren Buchveröffentlichungen, deutschsprachigen und US-amerikanischen Managerzeitschriften und den Wirtschaftsseiten von in Managementkreisen gelesenen Tageszeitungen. Dabei wurden unter anderem die letzten Jahrgänge von *Handelsblatt, Blick durch die Wirtschaft, Managermagazin, Managementwissen, Harvardmanager, Capital, Die Unternehmung, California Management Review, Business Week, Harvard Business Manager, Strategic Management Journal* und *Organizational Dynamics* systematisch ausgewertet.

Die Fallstudien beziehen sich auf drei europäische und ein amerikanisches Unternehmen. Ich habe Unternehmen ausgewählt, die intensiv über ihre eigenen Organisationsstrukturen reflektieren.

Diese »Aufgeklärtheit« der untersuchten Unternehmen erleichterte die Materialbeschaffung. Die ausgeprägte Selbstreflexion der untersuchten Unternehmen vereinfachte besonders die Abgrenzung gegenüber traditionellen, bürokratischen Unternehmen, da diese in den Beiträgen der Mitarbeiter und Mitarbeiterinnen häufig als Gegenbeispiele zu postbürokratischen Unternehmen herhalten müssen.

Neue Unternehmensformen werden häufig als die Domäne von Organisationen angesehen, die im Dienstleistungsbereich tätig sind, also z.B. Beratungs- und Softwarehäuser, Finanzdienstleister und andere Serviceunternehmen. Aber die künstliche Unterscheidung zwischen Dienstleistungs- und Produktionsunternehmen wird mehr und mehr obsolet. In Produktionsunternehmen verlagert sich die Wertschöpfung immer mehr vom repetitiven Produktionsbereich zu den innovativen, kommunikationsintensiven Bereichen wie Forschung und Entwicklung, Marketing, Konstruktion und Service. Automobilhersteller bieten nicht mehr nur den Verkauf eines Produktes an, sondern eine ganze Leistungspalette von Finanzierung über Versicherungen bis zum Pannenservice. So sind es auch nicht nur sogenannte »Know-how-Unternehmen«, die neue Organisationsformen einführen. Ich habe dieser Entwicklung Rechnung getragen, indem ich zwei Unternehmen in meine Studie aufgenommen habe, die in den klassischen Bereichen der Produktion und des Vertriebs tätig sind.

Das erste von mir untersuchte Unternehmen ist eine Elektronikfirma in den Niederlanden mit insgesamt 200 Mitarbeitern. Endenburg Elektrotechniek produziert Schiffsarmaturen, Schaltanlagen für Elektrizitätswerke, elektrische Schaltzentralen und Alarmanlagen. Gerard Endenburg, treibende Kraft dieses in Rotterdam ansässigen Unternehmens, entwickelte in den siebziger Jahren das sogenannte soziokratische Modell, eine neue Form der kreativen Mitbestimmung. Die Idee der Soziokratie wird in der Zwischenzeit von einem soziokratischen Zentrum in Rotterdam verbreitet und von mehreren Unternehmen in den Niederlanden und Kanada kopiert.

Das zweite Unternehmen stellt sich selbst in einem Video als

Unternehmen dar, »das anders ist als andere Unternehmen«. Es handelt sich um eine amerikanische Vertriebsgesellschaft für die Juwelierindustrie. Dieses Unternehmen könnte, in Anlehnung an den Halbgott innovativer, amerikanischer Unternehmen, Tom Peters, den (Ehren-)Titel »Peters in practice« tragen. Das Management der in New Mexico ansässigen Bell Group war über die letzten zehn, fünfzehn Jahre immer auf der Höhe der amerikanischen Managementliteratur und hat diese – im Gegensatz zu vielen anderen Unternehmern – nicht nur gelesen, sondern konsequent in die Praxis umgesetzt. Die Unternehmensleitung beruft sich in ihren Strategien explizit auf die Arbeiten von Peters (vgl. 1988a und Peters/Waterman 1983). Die Bell Group vertreibt über 12 000 verschiedene Produkte an 70 000 Kunden in den USA und 20 anderen Ländern. Sie besteht aus fünf Einheiten: Rio Grande Albuquerque beliefert Juweliere mit Werkzeugen und Materialien. River Gems and Findings handelt mit Steinen und Edelmetallen. Bluewater Display and Packaging stellt Verpackungen und Schaufensterdekorationen zur Verfügung. Sonic-Mill und Neutec/USA handeln mit Spezialgeräten für den Juwelierbedarf. Diese fünf Einheiten sind informationstechnisch miteinander verzahnt und bieten ihre Produkte in einem Gesamtkonzept über Kataloge an.

Bei dem dritten Unternehmen handelt es sich um eines der größten Softwarehäuser Deutschlands, das sich selbst lieber als »Know-how-Unternehmen« dargestellt sieht. Die Ploenzke Gruppe mit Hauptsitz in Kiedrich bei Frankfurt besteht aus vier Profitcentern. Die sogenannte Ploenzke Akademie ist für Schulungsleistungen zuständig und bietet »fachliche und persönlichkeitsorientierte Qualifikationen« an. Die Ploenzke Information bietet Systemintegration und Organisationsberatung an. Die Ploenzke Systeme hat ihren Schwerpunkt in der Architekturberatung und realisiert technische Innovationskonzepte. Die Ploenzke Consult schließlich beschäftigt sich mit Fragen der strategischen Managementberatung. Die Ploenzke Gruppe beschäftigt in Deutschland und in kleineren Ablegern in Österreich, den Niederlanden, der Schweiz und Spanien weit über 1500 Mitarbeiterinnen und Mitarbeiter. Ihr Management hat sich in den letzten Jahren durch eine

Reihe von Veröffentlichungen in Wirtschaftszeitschriften hervorgetan, in denen es Ploenzke als ein Unternehmen mit einer revolutionär neuartigen Organisationsform darstellt.

Das vierte Unternehmen, Metaplan, Gesellschaft für Planung und Organisation, hat seinen Hauptsitz in Deutschland, expandierte jedoch in den letzten Jahren nach Frankreich, Großbritannien und Schweden. Dieses Unternehmen bietet neben Seminaren in der sogenannten Metaplantechnik, einer Methode zur Strukturierung von Gruppenprozessen, ein umfangreiches Beratungsangebot im Bereich der Unternehmensentwicklung und des Gruppenmarketings an. Knapp dreißig Mitarbeiter und Mitarbeiterinnen des Unternehmens beraten als »Moderatoren« Wirtschaftsorganisationen und staatliche Institutionen. Knapp zwanzig weitere unterstützen die Moderatoren bei ihrer Tätigkeit. Diese Firma ist im Gegensatz zu den anderen drei untersuchten Unternehmen sehr bescheiden in ihrer Selbstdarstellung und verzichtet darauf, sich als ganz besonderes Unternehmen zu präsentieren. Trotz (oder gerade vielleicht wegen) dieser Bescheidenheit hat dieses Unternehmen, angetrieben durch die zwei Firmengründer, eine verglichen mit traditionellen Managementberatungsfirmen grundlegend andere Konzeption und Struktur entwickelt.

Die Fallstudien dieser vier Unternehmen basieren auf einer intensiven Auswertung von Artikeln, Unternehmensstellungnahmen, wissenschaftlichen Arbeiten, Berichten und Videos. Da diese Informationen durch Anfrage bei den Unternehmen und in öffentlichen Bibliotheken zugänglich sind, habe ich auf eine Anonymisierung der Unternehmen verzichtet. Eine generelle Anonymisierung hätte verlangt, daß ich auch Buchveröffentlichungen und Artikel der Mitarbeiter der untersuchten Unternehmen hätte unkenntlich machen müssen. Die in der deutschen industriesoziologischen Forschung übliche Anonymisierung von untersuchten Unternehmen hätte dem Recht dieser Mitarbeiter an ihrem geistigen Gut nicht Rechnung getragen. Soweit ich auf Informationen zurückgreife, die aus direkter Beobachtung, Gesprächen oder Briefverkehr stammen, wurden diese jedoch so unkenntlich gemacht, daß sie nicht mehr auf die Unternehmen zurückführbar sind.[1]

Alle vier Unternehmen sind in ihrem Aufgabenbereich, ihrer Organisationskonzeption und der Art ihrer Selbstdarstellung sehr unterschiedlich. Wenn ich sehr allgemein von postbürokratischen Unternehmen spreche, will ich die Unterschiede zwischen den untersuchten Unternehmen nicht zudecken. Das, was sie jedoch von anderen Unternehmen unterscheidet, ist die Tatsache, daß sich in ihnen die neueren Tendenzen der Organisationsentwicklung – innovationsorientiert, wandlungsfähig, enthierarchisiert, ausgerüstet mit Projektgruppen, Unternehmenskultur, hochqualifizierten Mitarbeitern und einem deutlichen Esprit, die Besten zu sein – in besonders reiner Form abbilden. Sie entsprechen alle mehr oder minder dem Modell, das von Wirtschaftszeitschriften und Managementberatern als die zukünftige enthierarchisierte, entstrukturierte und dezentralisierte Unternehmensform propagiert wird. In kaum einem anderen Unternehmen bilden sich die neuen Managementstrategien schon so deutlich, so radikal ab wie in den untersuchten Unternehmen.[2]

Meine Vorgehensweise steht im Kontrast zu der üblichen Methodik in der kontingenztheoretisch ausgerichteten Organisationssoziologie. Diese greift auf »typische« Unternehmen zurück und strebt eine Übereinstimmung möglichst vieler Variablen der untersuchten Unternehmen an (vgl. Burns/Stalker 1966; Woodward 1965; Perrow 1986). Mir kommt es jedoch im Gegensatz zur Kontingenztheorie nicht darauf an, durch große Samples allgemein beweisbare Thesen aufzustellen. Vielmehr dient das empirische Material der Illustration einer theoretischen Argumentation und nicht als Beleg für die von mir aufgestellten Thesen.

# Anmerkungen

## *Teil I*

1 Die in diesem Text benutzten männlichen Formen beziehen sich sowohl auf Frauen als auch Männer. Leserinnen und Leser mögen mir diese sprachliche Ungenauigkeit verzeihen und den Verweis auf die bessere Lesbarkeit der männlichen Form als Entschuldigung akzeptieren. Bei den Beispielen habe ich auf eine gleichmäßige Verteilung der Geschlechter geachtet. Zitate aus dem Englischen, Französischen und Niederländischen sind in deutscher Übersetzung wiedergegeben.

2 Ich benutze im folgenden – die zugegebenermaßen existierenden Nuancen mißachtend – Unternehmen, Firma und Wirtschaftsorganisation als Synonyme.

3 Der besseren Lesbarkeit halber befinden sich die detaillierte Darstellung der untersuchten Unternehmen und die Beschreibung des methodischen Vorgehens im Anhang.

4 Der Begriff der Revolution ist in der von Managementberatern und Unternehmensleitern verwendeten Form unscharf, unpräzise und deswegen nicht besonders hilfreich. Ich benutze ihn in diesem Buch gleichwohl, um der Arbeit einen Rahmen zu geben, innerhalb dessen die verschiedenen Fragen an postbürokratische Unternehmen geordnet werden können und anhand dessen meine Argumentation zugespitzt werden kann.

## *Teil II*

1 Thompson leitet das Paradox von Stabilität und Flexibilität aus einer Synthese des klassischen Rationalmodells der Organisation als geschlossenes System und des Modells der Organisation als offenes Modell ab (vgl. Tacke 1992).

2 Unsicherheit hat einen sachlichen, zeitlichen und personellen Aspekt. Die sachliche Unbestimmtheit verweist darauf, daß Arbeitsaufgaben nicht

oder nur zu einem geringen Maße standardisierbar sind. Die zeitliche Unplanbarkeit bildet sich als Sperre gegen eine strenge Zeitstrukturierung ab. Die personelle Unkontrollierbarkeit beschreibt die Schwierigkeit, das Verhalten des Personals (im voraus) zu bestimmen (Berger/Offe 1984; vgl. Rammert 1988: 33).

3 Ich knüpfe mit diesem überzeichneten Bild an Diskussionen in der Labour Process Debate an. Dort wird von einem Hang der Manager zur Unabhängigkeit vom Willen der Arbeiter ausgegangen, sie neigten also folglich zu direkter Kontrolle und Automatisierung (vgl. z.B. Friedman 1977).

4 Ich behandele hier die Ansätze des wissenschaftlichen Managements und der Bürokratietheorie trotz einiger Unterschiede zusammen. Beide Richtungen sind sowohl in ihrer Entstehung als auch in ihren grundlegenden Annahmen Ergebnis eines Glaubens an die »Allmächtigkeit« redundanzproduzierender Prozesse.

5 An diesen Gedanken ließe sich die gesamte Diskussion über die Kontrolle von Arbeitern anschließen. In der Auseinandersetzung mit bürokratisch-hierarchischen und tayloristisch-fordistischen Unternehmensformen wurde sowohl auf seiten der Proponenten als auch der Opponenten die Diskussion über Koordination, Regulierung im gleichen Atemzug wie die Kontrolldiskussion geführt (vgl. z.B. Edwards 1979: 12ff).

6 Ich benutze Luhmanns Bestimmungen lediglich zur Beschreibung bürokratischer Organisationen, obwohl er in seinen früheren Schriften dazu tendierte, seine Beschreibungen generell auf Organisationssysteme anzuwenden (Luhmann 1975a und 1976 [1964]; siehe auch Kiss 1986: 28f). In gewisser Hinsicht war Luhmann in einem bürokratisch-hierarchischen Organisationsverständnis gefangen. In seinen neueren Schriften zur Organisationstheorie löst er das Problem, indem er seine ursprünglich als generelle Organisationsbeschreibung gedachte Theorie nur noch für die Bestimmung der redundanzproduzierenden Aspekte von Organisationen benutzt (Luhmann 1988a).

7 Ich sehe Stelle als die Zusammenführung redundanzproduzierender Strategien an und nicht wie Luhmann (1988a: 178) als Methode, Redundanz und Varietät auf einem abstrakten, strukturellen Niveau zu rekombinieren.

8 Es ist auch der umgekehrte Fall vorstellbar. Eine komplexe Technik ist ein potentieller Unsicherheitsfaktor, und die menschliche Arbeitskraft gewährleistet das Funktionieren dieser Technik. »Ausnahmen« (Tschernobyl, Seveso, Bopal, Hoechst) bestätigen traurigerweise die Regel.

9 Diese Betrachtung wirft ein anderes Licht auf die Klage des Kaiserslauterer Soziologen Hajo Weber (1992: 10f), daß Organisationsentwicklungsabteilungen lediglich redundanzorientierte Organisationseinheiten entlasten und so zur Verfestigung von Spannung zwischen Redundanz und

Varianz in Organisationen beitragen. Organisationsentwicklungen haben im tayloristischen Unternehmen genau diese Entlastungsaufgabe, ja werden dadurch überhaupt erst legitimiert.

10 Vgl. u.a. Burns/Stalker 1966; Thompson 1967: 71; Mintzberg 1979: 86. Es ließe sich hier auch an die radikale ökonomische Theorie anknüpfen, die hierarchisch strukturierte Unternehmen nur als einen Weg der effizienten Produktionsorganisierung ansieht. Dieser Theorieansatz geht davon aus, daß unter anderen gesellschaftlichen Bedingungen effizientere Technologien und Organisationsformen möglich oder sogar notwendig sind (vgl. Duda/Fehr 1986: 565; siehe auch: Duda 1987 und Duda/Fehr 1988).

11 In der Originalversion von Otto Waalkes kommt es im Gegensatz zur Fuchsschen Variante zu einem Happy-End: Am Ende liegen sich Angreifer und Angegriffener brüderschaftlich saufend in den Armen. Dies zeigt deutlich, wie sehr Otto Waalkes noch in einer traditionellen, bürokratisch-hierarchischen Denkweise verfangen ist.

12 Es bleibt bei Peters offen, ob er die USA als weltweit größtes Schuldnerland zur Kategorie unterentwickelter Länder zählt.

13 Während die organisationssoziologische Kontingenztheorie von einem Umweltdeterminismus ausgeht – die situativen Bedingungen und Kontextfaktoren bestimmen unmittelbar die Organisationsstruktur (Pugh et al. 1968; vgl. auch Rammert 1988: 27) –, räumen Techniksoziologie und Systemtheorie Organisationen eine generelle Wahlmöglichkeit ein: Dem Organisationssystem steht es offen, die als »Rauschen« wahrgenommenen Veränderungen wahrzunehmen und sie für relevant zu halten (Luhmann 1988a: 174; zur Kritik vgl. Ortmann 1988: 218f). Diese Prämisse einer »Abgeschlossenheit« (Autopoiesis) der Organisation wird bei Rammert und Wehrsig variiert: Für Organisationen bestehe entweder die Möglichkeit, durch eine bürokratisch-hierarchische Organisationsweise interne Unsicherheiten in den Griff zu bekommen, dadurch aber ihre Umweltoffenheit, Innovativität und Reaktionsfähigkeit auf Marktveränderungen einzubüßen, oder durch eine situative Organisationsweise flexibel auf Markt- und technische Entwicklungsdynamiken reagieren zu können, aber dies durch größere Entscheidungsunsicherheit und Kontrolldefizite zu erkaufen (1988: 312f). Diese beiden strategischen Optionen, mechanisierte Massenproduktionstechnologie oder informatisierte Produktionstechnologie (Rammert/Wehrsig 1988: 309), stellen sich gleichwohl in jeweils historisch spezifischen Situationen. Es ist unbestreitbar, daß die mechanisierte, standardisierte Massenproduktion in Nischenbereichen weiterbestehen wird, insgesamt jedoch stehen Unternehmen immer weniger vor der Wahl zwischen diesen beiden strategischen Möglichkeiten. In einem kapitalistischen Verdrängungswettbewerb, verschärft durch Re-

zession und Internationalisierung der Märkte, ist die Wahl von strategischen Optionen extrem kontextabhängig.

14 Verweisend auf diesen neuartigen Charakter von Wandel oder organisatorischer Innovation, spricht Gert Schmidt zu Recht von einem »Wandel des Wandels« (Schmidt 1989: 251f).

## *Teil III*

1 Auf den ersten Blick scheint sich die Struktur postbürokratischer Unternehmen einer detaillierten Analyse zu entziehen. Organisationen, die Wandel als einziges Stabiles anerkennen, lassen sich sowohl soziologisch als auch organisationstheoretisch nur schwer fassen. Die teilweise nebulöse und planlose Bezeichnung und Beschreibung dieser Organisationsform(en) – nenne man sie nun vielzelliges Unternehmen (Landier 1989), intelligentes Unternehmen (Landier 1991) oder Flex-Firma (Toffler 1990) – scheint aus diesem Dilemma zu resultieren. Wir können dieses Dilemma aber insofern produktiv wenden, indem wir Wandel als Leitfaden der Argumentation benutzen. Diese Fokussierung auf Varianzproduktion ermöglicht nicht nur eine Strukturierung meiner Analyse. Sie eröffnet gleichzeitig die Möglichkeit, das redundanzerzeugende bürokratisch-hierarchische Unternehmen als ständigen Kontrareferenzpunkt zu den varianzorientierten Organisationen zu benutzen.

2 Zugegebenermaßen reduziere ich hier das komplexe und vielschichtige Gedankengebäude Adam Smiths auf eine seiner Hauptaussagen. Daß diese typisch liberale Verkürzung der Arbeiten Adam Smiths diesem nicht gerecht wird, zeigen u.a. die Artikel in Kaufmann/Krüsselberg 1984.

3 Fuchs 1992d: 27; vgl. Fuchs 1991, Fuchs 1992b. Die Verlagerung der Wertschöpfung zum Kunden scheint auch eine Reaktion auf die Verlagerung der Nachfrage zu sein. Die Kunden kaufen immer weniger ein materielles Produkt, sondern eine Leistung. Statt eines Autos (letztlich nicht mehr als eine Kombination aus Metall, Plastik, Glas und Elektronik) wird die Leistung »individueller Personentransport« eingekauft. Ob diese Leistung durch den Kauf eines Autos am besten erfüllt wird oder ob nicht vielleicht eine Kombination verschiedener Services (Bahn, Fahrrad, Carsharing) diese Leistung effektiver und kostengünstiger erbringen könnte, hängt nicht zuletzt von Umweltbedingungen (Staus, Straßenbau, alternative Angebote ...) ab. Der Kunde will häufig nicht ein Produkt kaufen, sondern die Lösung eines Problems erreichen. Daß Unternehmen ihre Beziehung zu Kunden lange Zeit nur auf das Prinzip »entweder kaufe meine in ein Produkt eingegossene Fertiglösung, oder kaufe sie nicht« aufgebaut haben, zeigt die Begrenztheit traditionellen unternehmerischen Verständnisses.

4 Daß dieser Prozeß des Austausches von Arbeitsleistung gegen Entgelt nicht problemlos war, wird am sogenannten Transformationsproblem deutlich: Die Einstellung eines Arbeiters bedeutete noch lange nicht, daß er die erwartete Arbeit auch wirklich zur Zufriedenheit des Unternehmens verrichtete. Das Management muß, wie in der Labour Process Debate deutlich wurde, die Umsetzung von »potentieller Arbeitskraft« in »wirkliche Arbeit« ständig kontrollieren.

5 Schon 1962 stellte der amerikanische Wirtschaftswissenschaftler Fritz Machlup fest, daß mehr Arbeiter »Symbole« als »Dinge« handhaben (Machlup 1962; nach Toffler 1990: 71). Die Verlagerung von immaterieller zu materieller Arbeit kann jedoch nicht dazu führen, wie z.B. die Systemtheorie nahelegt, die Kategorie Arbeit zugunsten der Kategorie Kommunikation aufzugeben. Es kommt, wie die Sozialwissenschaftlerin Ingeborg Haag (1986) gezeigt hat, vielmehr darauf an, die eher organisationssoziologische Verengung auf Kommunikation ohne Gegenstandsbezug und die eher industriesoziologische Verengung von Arbeit auf praktisch-gegenständliche Tätigkeiten ohne Kommunikationsbezug zu überwinden (vgl. Mill 1986: 210). Durch die systematische Analyse von Arbeitskommunikation und Kommunikationsarbeit (Haag 1986) muß eine Zusammenführung angestrebt werden. Dabei wird das Bild der schweißtriefenden Arbeiterin zwar in vielen Bereichen der Vergangenheit angehören, aber auch unter den Bedingungen sich durchsetzender Kommunikationsarbeit muß die Arbeiterin ihre jetzt stärker auf immaterielle Prozesse bezogene Arbeitskraft anbieten.

## *Teil IV*

1 Dieser Punkt ist selbstverständlich überspitzt dargestellt. Natürlich spielen der Widerstand des Mittelmanagements und die Umstellungsschwierigkeiten der Mitarbeiter und Mitarbeiterinnen bei der Einführung neuer Unternehmensformen eine nicht zu mißachtende Rolle. Die Fokussierung auf diese Punkte verbaut in der Regel jedoch die Einsicht in das grundlegendere Problem, daß aufgrund ihrer losen Kopplung sich postbürokratische Unternehmen »am Rande ihrer Existenzmöglichkeiten« bewegen.

2 In diesem Punkt stimmen Handlungstheorie und Systemtheorie überein (vgl. z.B. Crozier/Friedberg 1977; Friedberg 1988 und Luhmann 1988a).

3 Dieser Argumentationsschritt läßt sich systemtheoretisch besonders gut nachvollziehen, wenn man Luhmanns Entscheidungsbegriff verwendet. Nach Luhmann bestehen Organisationen aus einem einzigen Stoff, nämlich Entscheidungen. Einfach ausgedrückt sind Organisationen »Systeme, die aus Entscheidungen bestehen und die Entscheidungen, aus denen sie

bestehen, durch die Entscheidungen, aus denen sie bestehen, selbst anfertigen« (Luhmann 1988a: 170). Bei Entscheidungen handelt es sich um Transformation von Kontingenz, das heißt die Reduzierung von Möglichkeiten (und dadurch die Schaffung neuer Möglichkeiten).

4 Luhmann (1991: 94) drückt es wie folgt aus: »Mit jedem Sinn, mit beliebigem Sinn wird unfaßbar hohe Komplexität (Weltkomplexität) appräsentiert und für die Operationen psychischer bzw. sozialer Systeme verfügbar gehalten.« Unter Umwelt eines Systems versteht Luhmann (1977: 13; vgl. Kiss 1986: 20) »alles, was durch das System abgegrenzt wird, also nicht zu ihm gehört. Der Umweltbegriff wird mithin systemrelativ definiert. ... Die Umwelten verschiedener Systeme können daher nicht identisch sein, sie können sich nur weitestgehend überschneiden. Die Gesamtheit dessen, was nicht zu einem System gehört, kann ihrerseits kein System sein, da sie grenzenlos in die Welt übergeht und die Welt selbst kein System ist.«

5 Luhmann würde die Beschreibung von Entscheidungen als »im Sinne der Organisation« vermutlich als ungenau zurückweisen. Alle Handlungen von psychischen und sozialen Systemen sind seiner Meinung nach einem »Sinnzwang« ausgesetzt. Wenn ich Handlungen als »im Sinne« der Organisation bezeichne, will ich jedoch darauf verweisen, daß jeder Sinn »bestimmte Anschlußmöglichkeiten nahelegt und andere unwahrscheinlich oder schwierig oder weitläufig macht oder (vorläufig) ausschließt« (Luhmann 1991: 94f). »Im Sinne« oder »nicht im Sinne« bezieht sich also auf die Tatsache, daß Sinn erst durch Verweisung auf jeweils anderen Sinn Realität gewinnt.

6 Sinn ist eine Zentralkategorie der Luhmannschen Systemtheorie. Ohne Sinn würden psychische Systeme, Organisationen, ja sogar die ganze Gesellschaft schlicht aufhören zu existieren (vgl. Resse-Schäfer 1992: 36; Luhmann 1971a: 11). Sie würden daran scheitern, daß sie nicht in der Lage sind, sich gegen die überwältigende Komplexität der Umwelt abzugrenzen. Die Organisationssoziologin Susanne Mingers (1992: 19) faßt die Bedeutung des Sinnbegriffs für Luhmanns Systemtheorie treffend zusammen: Luhmann versteht unter sozialen Systemen »sinnhafte identifizierte Systeme« (Luhmann 1971a: 11). Sinn ist die zentrale Ordnungsform menschlichen Erlebens, die Prämissen setzt für Prozesse der Informationsverarbeitung und bewußten Erlebnisverarbeitung (Luhmann 1971b: 61). Es ist verwunderlich, daß die systemtheoretisch orientierte Organisationssoziologie noch zögert, den Sinnbegriff als eine Kategorie zur Beschreibung von Organisationen zu benutzen, obwohl sie immer mehr dazu übergeht, Organisationen über ihre Differenz zur Umwelt zu beschreiben. An die System-Umwelt-Differenz ließe sich, wie Exner, Königswieser und Titscher (1987) überzeugend zeigen, fruchtbar der Sinnbegriff anknüpfen.

7 Ausnahmen bestätigen auch hier die Regel: Der berühmt-berüchtigten Scientology Church gelingt es, mit religiöser Verwirklichung, ideologischer Richtigkeit, moralischer Aufrichtigkeit und endgültiger Wahrhaftigkeit nicht nur ihre Zahlungsfähigkeit aufrechtzuerhalten, sondern auch noch auf Kosten ihrer Mitglieder und »beratener« Unternehmen Profite zu machen, von denen andere Firmen nur träumen.

8 Wie Wolf Heydebrand (1989: 331) zu Recht feststellt, würde die Benutzung zweier theoretisch sehr verschiedener Perspektiven – der Population ecology und des Institutionalismus – interessante Zugänge zur Bearbeitung der Auflösung der Grenzen zwischen Organisationen und Umwelt bieten.

9 In meiner Vorgehensweise geht es mir nicht so sehr darum, die Machtkämpfe in postbürokratischen Unternehmen darzustellen, sondern vielmehr zu analysieren, wie sich die »Arena« und die »Ressourcen« in den Machtkämpfen wandeln. Ich greife dabei auf den sogenannten Mikropolitikansatz zurück. Unter Mikropolitik versteht Horst Bosetzky (1972: 382) »die Bemühungen, die systemeigenen materiellen und menschlichen Ressourcen zur Erreichung persönlicher Ziele, insbesondere des Aufstiegs im System selbst und in anderen Systemen zu verwenden sowie zur Sicherung und Verbesserung der eigenen Existenzbedingungen«. Siehe den Übersichtsartikel von Willi Küpper und Günther Ortmann (1986) und den Forschungsüberblick von Bosetzky (1988) für mehr Details.

10 Bei der Definition der Ressourcen bin ich von vier Autoren inspiriert worden, die alle eine Systematisierung von Machtressourcen vorgenommen haben. Michel Crozier und Erhard Friedberg (1977: 83) unterscheiden vier »große Machtquellen«: 1. diejenige, die aus der Beherrschung einer Fähigkeit erwächst; 2. diejenige, die aus der Kontrolle der Beziehungen einer Organisation zu ihrer Umwelt herrührt; 3. diejenige, die auf einer Beherrschung der Kommunikation und Informationen basiert; und 4. diejenige, die aus der Existenz von generellen organisationellen Regeln erwächst. Der französische Soziologe Pierre Bourdieu (1983) unterscheidet in seiner »Kapitaltheorie« vier verschiedene Machtressourcen: Das soziale Kapital entsteht in seiner inkorporierten Form z.B. durch persönliche Beziehungen und Freundschaften und in seiner institutionalisierten Form in Gruppen- und Standeszugehörigkeiten. Kulturelles Kapital erwächst in seiner inkorporierten Form aus fachlicher Kompetenz, Talent, Flexibilität und in seiner institutionalisierten Form z.B. aus Diplomen und Zertifikaten (Bourdieu 1983; Darstellung in Anlehnung an eine leicht modifizierte Form von Heidenreich/Schmidt 1992: 192f). Der englische Sozialwissenschaftler Anthony Giddens (1988) unterscheidet grob zwei Machtressourcen: die allokativen und autoritativen Ressourcen oder, in den Worten von Ortmann et al. (1991: 19), die materiellen

und organisatorischen Ressourcen. Die allokativen oder materiellen Ressourcen beruhen erstens auf den materiellen Aspekten der Umwelt, zweitens auf den materiellen Produktionsmitteln wie z.B. Produktionsmitteln und Technologien und drittens auf produzierten Gütern, also Erzeugnissen, die aus dem Zusammenwirken des ersten und zweiten Aspekts entstehen. Autoritative oder organisationelle Ressourcen entstehen erstens aus der für soziales Handeln relevanten Organisation von Raum und Zeit, zweitens aus der Produktion und Reproduktion des Körpers und der Organisation von Lebenschancen (Giddens 1988: 316ff; vgl. Ortmann et al. 1991: 19).

11 Ich danke Isabelle Berebbi-Hoffmann und Erhard Friedberg vom Centre de sociologie des organisations in Paris für informative Gespräche über die Fallstudie in dem französischen Unternehmen. Bei dem Namen »Prométhée« handelt es sich um eine Anonymisierung des untersuchten Unternehmens.

12 Zugrunde liegt die systemtheoretische Annahme, daß es sich bei zwei vermeintlichen Gegensätzen nicht unbedingt um sachliche Alternativen handelt. Für das Wissenschaftssystem besteht zum Beispiel nicht die sachliche Alternative zwischen Autonomie und Abhängigkeit vom Staat (Heteronomie). Sie ist nicht entweder selbstreguliert oder fremdgesteuert, sondern sie kann ihre Autonomie durch ihre Heteronomie steigern oder schwächen (vgl. Krohn/Küppers 1989: 18).

## *Teil V*

1 Es sei an dieser Stelle darauf hingewiesen, daß man das Flexibilisierungs- und das Politisierungsdilemma eventuell als eine Beschreibung des gleichen Phänomens ansehen könnte, einmal aus einer handlungstheoretischen (Politisierungsdilemma) und das andere Mal aus einer systemtheoretischen (Flexibilitätsdilemma) Perspektive. Eine Diskussion dieses Aspektes würde jedoch einen tieferen Einstieg in die Grundlagen der Handlungstheorie und der Systemtheorie verlangen, der in diesem Buch nicht geleistet werden kann.

2 Die Artikel von Michael Roever, Direktor bei McKinsey Deutschland, über Überkomplexität (vgl. Roever 1991a; 1991b; 1991c; 1992) und das Buch der McKinsey-Mitarbeiter Günter Rommel, Felix Brück, Raimund Diederichs, Rolf-Dieter Kempis und Jürgen Kluge über »Einfachheit« als neue Zielgröße für Unternehmen (1993) zeigen, daß sich selbst Mitarbeiter dieser weltweit tätigen Beratungsgesellschaft langsam eine organisationssoziologische Terminologie aneignen, diese aber lediglich dazu benutzen, ihren alten Wein (Spezialisierung, Rationalisierung, Kosteneinsparung, Auslagerung von Produktionsbereichen) in neuen Flaschen zu verkaufen.

3 Die Systemtheorie liefert bisher lediglich abstrakte Ideen, wie man Komplexitätserhöhung mit Simplifizierungen verbinden kann: Sowohl die internen als auch die externen Problemlösungskonzepte postbürokratischer Organisationen müßten auf eine Erhöhung der internen Komplexität bei synchron eingebauten, immer raffinierter werdenden »Komplexitätsvereinfachungsmatrizen« (Reese-Schäfer 1992: 16) abzielen.

4 Zur Begrifflichkeit des »simultanen Doppelbezuges« siehe Gunther Teubners (1992: 204) Aufsatz über Netzwerke.

5 Die auf die innere Umwelt (Mitarbeiterinnen und Mitarbeiter) ziehlenden Strategien – das Individuum als Garant für die Erfüllung der Flexibilitäts- und Stabilitätsanforderungen – werden nicht behandelt, weil die Rolle von Mitarbeitern in postbürokratischen Unternehmen eine eigenständige Abhandlung erfordern würde. Ansetzen müßte man dabei an der Art und Weise, wie Mitarbeiter heute führen und geführt werden (vgl. Sprenger 1993). Wenn in der folgenden detaillierten Darstellung noch zwischen den auf Umwelt-Organisations-Beziehungen bezogenen (Externalisierung) und organisationsinternen Strategien (Technisierung, Kontextsteuerung, Unternehmenskultur) unterschieden wird, handelt es sich um eine künstliche Trennung. Während in tayloristisch-fordistischen Unternehmungen eine saubere Trennung möglich war, sieht man, daß bei postbürokratischen Unternehmen organisationsinterne und auf die Umwelt-Organisations-Beziehungen bezogene Strategien ineinanderlaufen: Organisationsinterne Unsicherheit wird an die Umwelt abgestoßen, und organisationsinterne Kooperationsbeziehungen werden mit Mechanismen organisiert, die ehemals lediglich für Organisations-Umwelt-Beziehungen eingesetzt wurden.

6 Während eine Ökonomisierung der Beziehung zwischen Profitcentern und Unternehmenszentrale effizient zu sein scheint, wäre die durchgehende Begleitung intraorganisationeller Prozesse mit Geldpreisen, wie Wil Martens (1989: 153) zeigt, nur beschränkt sinnvoll. Gerade bei der Entwicklung technischer Innovationen und bei wirtschaftlichem Handeln unter großer Unsicherheit versagen die exakten Methoden ökonomischer Kalkulation (Arrow 1970; vgl. Rammert 1988: 212). Glücklicherweise ist nicht jede Entscheidung in einem Unternehmen mit einer zeitgleichen Bewegung auf dem Unternehmenskonto verbunden. Der große Vorteil von organisationellem kollektivem Handeln gegenüber marktreguliertem kollektivem Handeln ist, daß die Kooperation der Akteure nicht primär über Preise und Preisdifferenzen reguliert zu werden braucht. Dabei wird zwei Besonderheiten kollektiven Handelns Rechnung getragen: Erstens kann häufig nicht jede Operation und Entscheidung in Geld bewertet und hinsichtlich Kosten und Nutzen mit möglichen Alternativen verglichen werden. So eine Vorgehensweise wäre viel zu komplex und kostspie-

lig, würde zu lange dauern und oftmals auch nicht die bezweckte Wirkung erzielen. Zweitens können und wollen die meisten Mitglieder einer Organisation ihr Entscheiden und Handeln nicht in erster Linie an wirtschaftlichen Kriterien orientieren. Eine solche primär wirtschaftliche Orientierung würde ihre Konzentration auf Perspektiven lenken, die ihren Beitrag zur Funktionsfähigkeit des Unternehmens nur beeinträchtigen würden (Martens 1989: 153).

7 Vgl. auch Baecker 1992a: 11f, der die Kleeblatt-Organisation als »verführerisch« bezeichnet. Ob diese Organisation für die Subunternehmer wirklich so verführerisch ist, sei hier dahingestellt.

8 Das Beispiel basiert auf Informationen aus einer großen deutschen Ölgesellschaft. Da sich die Strategien der Ölgesellschaften im Umgang mit ihren Sub-»Unternehmern« genausowenig unterscheiden wie ihre Preispolitik, konnte dieses Unternehmen getrost anonymisiert werden. Für vergleichbare Verhältnisse in anderen Branchen siehe die Literaturhinweise bei Teubner (1992: 209).

9 Im Gegensatz zu Luhmann und Heidenreich/Schmidt benutze ich den Begriff der Technisierung im eingeschränkten Sinne für Verdinglichung von Prozessen.

10 Damit stimmt nur aus einer Froschperspektive die These von H. Linde, daß »profane Artefakte der Kategorie Gerät« (Geld, Gebäude, Straßenbahn) soziale Positionen einschließlich ihrer Verhaltens- und Rangaspekte festlegen (Linde 1972; vgl. Rammert 1987: 9). Aus der Adlerperspektive handelt es sich vielmehr um eine Neudefinition des Verhältnisses von Wandel und Wiederholung. Das Gefühl, Techniken und Gebäuden völlig ausgeliefert zu sein – am besten ausgedrückt in dem Charlie-Chaplin-Film »Moderne Zeiten« –, entsteht dadurch, daß bestimmte Mitglieder der Organisation lediglich den redundanzerzeugenden Aspekt der Technisierung wahrnehmen können und sollen.

11 Das Zitat stammt von Nietzsche (nach Bolz 1992) und hat angesichts der heutigen verzweifelten Versuche, auseinanderdriftende Unternehmen durch eine gemeinsame Unternehmenskultur zusammenzuhalten, eine neue Aktualität.

12 Böse Zungen könnten dieses Phänomen mit dem Paradox von Gesellschaften vergleichen, die sich durch die Nutzung von Kernenergie an den Rand des Abgrunds dirigieren, aber sich unter dem Motto »Kernenergie sichert unsere Zukunft« selbst die Richtigkeit dieser Entscheidung bestätigen.

### *Methodisches Vorgehen*

1 Zur methodischen Rechtfertigung und Einordnung meiner Vorgehensweise sei an dieser Stelle auf andere organisations- und industriesoziologische

Arbeiten über »postbürokratische Organisationsformen« verwiesen, in denen ebenfalls auf eine Anonymisierung verzichtet wurde (Chandler/Sayles 1971; Galbraith 1973; Mintzberg/McHugh 1985; Crozier 1989).

2 Diese zugegebenermaßen gewagte Verallgemeinerung basiert auf den Erkenntnissen bei der Auswertung der neuen Mangagementliteratur. Die untersuchten Firmen sind in ihrer Organisationsstruktur weitgehender und origineller als viele Unternehmen, die als Musterbeispiele für neue Unternehmensformen dargestellt werden (siehe z.B. die Fallstudien bei Crozier 1989, aber auch Vergleiche mit so hochgelobten Unternehmen wie ABB und Hewlett-Packard). Es ist sicherlich kein Zufall, daß drei der vier von mir untersuchten Unternehmen (Ploenzke, Endenburg Elektrotechniek und Metaplan) in einer Sonderbeilage des *Handelsblattes* (23.4.1993) über neue Unternehmensformen beschrieben wurden. Die anderen Unternehmen, die in dieser kurz vor der Fertigstellung meiner Arbeit erschienenen Sonderbeilage genannt wurden, waren der Henkel-Konzern, die Unisys Deutschland GmbH, die Hoechsttochter Herberts, die Joh. A. Benckiser GmbH in Ludwigshafen, W.L. Gore & Associates und Asea Brown Boweri.

# Literaturverzeichnis

Unter Büchern begraben

Seine Leidenschaft für Bücher ist einem 86 Jahre alten Mann in San Diego während eines Erdbebens in Südkalifornien fast zum Verhängnis geworden. Zwölf Stunden hatte Anthony O. Cina in seinem Ein-Zimmer-Appartement unter einem Bücherberg gelegen, bis ihn Feuerwehrleute bargen. Sie gruben sich zum verschütteten »Bücherwurm« hindurch, indem sie die Bücher aus dem Fenster und vor die Tür warfen.
Hefte, Magazine, Zeitungsausschnitte und dicke Wälzer waren bis zur Zimmerdecke gestapelt. Cina blieb in seinem Zimmer nur ein winziger Gang von zwei Metern. Er schlief auch auf seinen Büchern. Als bei dem Beben der Stärke 5,3 (Richter-Skala) alles auf ihn herabstürzte, konnte er sich noch auf den Bauch rollen und den Kopf über den Bettrand hängen. Die Luft im Zwischenraum rettete ihm das Leben.

Frankfurter Rundschau, 15.7.1986*


Ackoff, R.L. (1994): The Humane Corporation. Integrating Work, Play, and Learning. New York; Oxford: Oxford University Press.

Altmann, N. et al. (1986): Ein »Neuer Rationalisierungstyp« – neue Anforderungen an die Industriesoziologie, In: Soziale Welt, Jg. 37, S. 191-207.

Altmann, N.; G. Bechtle (1971): Betriebliche Herrschaftsstruktur und industrielle Gesellschaft. München: Hanser.

Altmann, N.; K. Düll (1987): Rationalisierung und neue Verhandlungsprobleme im Betrieb. In: WSI-Mitteilung, Nr. 5/1987, S. 261-269.

Aoki, M. (1991a): Economie japonaise. Information, motivation et marchandage. Paris: Economica.

Aoki, M. (1991b): Le management japonais: le modèle »J« d'Aoki. In: Problèmes économiques, 14.5.1991, S. 2255.

Arrow, K.J. (1970): Ökonomischer Nutzen und die Allokation von Ressourcen für Erfindung. In: Naumann, J. (Hg.): Forschungsökonomie und Forschungspolitik. Stuttgart: Klett, S. 115-132.

Asdonk, J.; U. Bredeweg; U. Kowol (1990): Innovation als rekursiver Prozeß. Eine empirische Untersuchung zur Technikgenese im Bereich der Produktionstechnik. Bielefeld: Forschungsantrag USP Wissenschaftsforschung.

Asdonk, J.; U. Bredeweg; U. Kowol (1991): Innovation als rekursiver Prozeß. Zur Theorie und Empirie der Technikgenese am Beispiel der Produktionstechnik. In: Zeitschrift für Soziologie, Jg. 20, S. 290-304.

Asdonk, J.; U. Bredeweg; U. Kowol (1993): Evolution in technikerzeugenden und technikverwendenden Sozialsystemen. Bielefeld: unveröff. Ms.

Atlan, H. (1979): Entre le Cristal et la Fumée. Paris: Seuil.

Bachmann, R.; G. Möll (1992): Alles neu ...? Rationalisierung von industriellen Innovationsprozessen. In: Malsch, T.; U. Mill (Hg.): ArBYTE. Modernisierung der Industriesoziologie. Berlin: Sigma, S. 241-270.

Baecker, D. (1992a): Postheroisches Management. Bielefeld: PET Fakultät für Soziologie der Universität Bielefeld.

Baecker, D. (1992b): Fehldiagnose »Überkomplexität«. Komplexität ist die Lösung, nicht das Problem. In: gdi impuls, Nr. 4/1992, S. 55-62.

Baethge, M.; H. Oberbeck (1986): Die Zukunft der Angestellten. Neue Technologie und berufliche Perspektiven in Büro und Verwaltung. Frankfurt/New York: Campus.

Bainbridge, L. (1987): Ironies of Automation. In: Rasmussen, J.; K. Duncan; J. Leplat (Hg.): New Technologies and Human Error. Chicester: Wiley, S. 271-283.

Bardmann, T.M.; R. Franzpötter (1990): Unternehmenskultur. Ein postmodernes Organisationskonzept. In: Soziale Welt, Jg. 41, S. 424-440.

Bell Group Associates (1990): What Group Associates Say. Albuquerque: unveröff. Ms.

Bell Group (1992): Portraits of Excellence. Bell Group Employee Orientation. Albuquerque: Rio Grande Video Library.

Bell, D. (1973): The Coming Post-Industrial Society. A Venture in Social Forecasting. New York: Basic Book.

Bell, H. (1990): Senate Productivity Award Entry. Albuquerque: unveröff. Ms.

Bennis, W.G. (1966): The Coming Death of Bureaucracy. In: Think Magazine, Nr. 11-12/1966, S. 30-35.

Berebbi-Hoffmann, I. (1990): Le management culturel de face et de profil. In: Annales de mines, Nr. 21/1990, S. 4-12.

Berger, J.; C. Offe (1980): Die Entwicklungsdynamik des Dienstleistungssektors. In: Leviathan, Jg. 8, S. 41-75.

Bergstermann, J. (1990): Zum Verhandlungscharakter projektgruppenförmiger Planungsprozesse. In: Bergstermann, J.; R. Brandherm-Böhmker (Hg.): Systemische Rationalisierung als sozialer Prozeß. Bonn: Dietz Nachf., S. 83-100.

Besier, K.; J. Fuchs (1991): Personalentwicklung mit Perspektive – Querdenker statt Aufsteiger. Kiedrich: Ploenzke.

Bleicher, K. (1986): Strukturen und Kulturen im Umbruch: Herausforderung für den Organisator. In: Zeitschrift für Führung und Organisation, Jg. 2, S. 97-106.

Bleicher, K. (1992a): Haben heutige Organisationen noch Zukunft? In: Fuchs, J. (Hg.): Das biokybernetische Modell. Unternehmen als Organismen. Wiesbaden: Gabler, S. 161-179.

Bleicher, K. (1992b): Das Konzept Integriertes Management. Frankfurt/New York: Campus.

Bli (1992): Netzwerke gegen die Organisationskrise. In: FAZ Blick durch die Wirtschaft, 15.4.1992.

Bolz, N. (1992): Die Welt als Chaos und als Simulation. München: Wilhelm Fink.

Bolz, N. (1993): Das Design der Chaos-Gesellschaft. In: gdi impuls, Nr. 1/1993, S. 12-21.

Bosetzky, H. (1972): Die instrumentelle Funktion der Beförderung. In: Verwaltungsarchiv, Jg. 63, S. 372-384.

Bosetzky, H. (1978): Innovation: Risiken und Chancen von organisatorischen Änderungen. In: Zeitschrift für Organisation, Nr. 4/1978, S. 219-227.

Bosetzky, H. (1988): Mikropolitik, Machiavellismus und Machtkumulation. In: Küpper, W.; G. Ortmann (Hg.): Mikropolitik. Rationalität, Macht und Spiele in Organisationen. Opladen: WDV, S. 27-37.

Boudon, R.; F. Bourricaud (1992): Soziologische Stichworte. Ein Handbuch. Opladen: WDV.

Bourdieu, P. (1983): Ökonomisches Kapital, kulturelles Kapital, soziales Kapital. In: Kreckel, R. (Hg.): Soziale Ungleichheit. Soziale Welt, Sonderband Nr. 2, S. 183-198.

Bradley, K.; S. Hill (1987): Quality Circles and Managerial Interests. In: Industrial Relations, Jg. 21, S. 68-82.

Brandt, G. (1986): Das Ende der Massenproduktion – wirklich. In: Erd, R.; O. Jacobi; W. Schumm (Hg.): Strukturwandel in der Industriegesellschaft. Frankfurt/New York: Campus, S. 103-122.

Braverman, H. (1974): Labor and Monopoly Capital. The Degradation of Work in the Twentieth Century. New York; London: Monthly Review Press.

Bredeweg, U.; U. Kowol, W. Krohn (1993): Innovationstheorie zwischen Technik und Markt. Modelle der dynamischen Koppelung. Bielefeld: unveröff. Ms.

Breisig, T. (1990): It's Team Time: Kleingruppenkonzepte in Unternehmen. Köln: Bund.

Buck, J.A.; G. Endenburg (1984): The Creative Forces of Self-Organization. Columbia, MD: Sociocratic Center.

Burnham, J. (1941): The Managerial Revolution. New York: Day.

Burns, T.; G.M. Stalker (1966): The Management of Innovation. 2. Auflage, London: Tavistock.

Buroway, M. (1979): Manufacturing Consent. Chicago; London: University of Chicago Press.

Bush, J.B.; A.L. Frohman (1991): Communication in a »Network« Organization. In: Organizational Dynamics, Nr. 3/1991, S. 23-36.

Byrne, J.A. (1992): Management's New Gurus. In: Business Week, 31.8.1992, S. 44-52.

Byrne, J.A. (1993): The Virtual Corporation. In: International Businessweek, 8.2.1993, S. 36-41.

Carlzon, J. (1986): Renversons la pyramide. Pour une nouvelle répartition des rôles dans l'entreprise. Paris: Interéditions.

Carlzon, J. (1990): Alles für den Kunden. Frankfurt/New York: Campus.

Chandler, A.D. (1977): The Managerial Revolution in American Business. Cambridge, MA; London: Harvard University Press.

Chandler, A.D. (1990): Scale and Scope: The Dynamics of Industrial Capitalism. Cambridge, MA; London: Cambridge University Press.

Chandler, M.K.; L.R. Sayles (1971): Managing Large Systems. New York: Harper & Row.

Charan, R. (1992): In Netzwerken können Manager schneller entscheiden. In: Harvardmanager, Nr. 3/1992, S. 105-116.

Child, P. et al. (1991): SMR Forum: The Management of Complexity. In: Sloan Management Review, Nr. 3/1991, S. 73-80.

Coriat, B. (1991): Penser à l'envers. Paris: Christian Bourgois.

Crozier, M. (1964): The Bureaucratic Phenomenon. Chicago: University of Chicago Press.

Crozier, M. (1985): Les nouveaux modes d'organisation. Paris.

Crozier, M. (1989): L'Entreprise à l'écoute: Apprendre le management postindustriel. Paris: Interéditions.

Crozier, M.; E. Friedberg (1977): L'acteur et le système. Les contraintes de l'action collective. Paris: Seuil.

Cyert, R.M.; J.G. March (1963): A Behavorial Theory of the Firm. Englewood Cliffs, NJ: Prentice-Hall.

David, P.A. (1986): Understanding the Economics of QWERTY: The Necessity of History. In: Parker, W.N. (Hg.): Economic History and Modern Economist. Oxford: Basil Blackwell, S. 30-49.

Davidow, W.H.; M.S. Malone (1993): Das virtuelle Unternehmen. Der Kunde als Co-Produzent. Frankfurt/New York: Campus.

Deutsch, C. (1992): Magersüchtig. Viele Schlankheitsprogramme gehen zu weit. In: Wirtschaftswoche, Nr. 37/1992, S. 50-54.

Deutschmann, C. (1987): Der »Betriebsclan«. Der japanische Organisationstypus als Herausforderung an die soziologische Modernisierungstheorie. In: Soziale Welt, Jg. 38, S. 133-148.

Deutschmann, C. (1989): Reflexive Verwissenschaftlichung und kultureller »Imperialismus« des Managements. In: Soziale Welt, Jg. 40, S. 374-396.

Dierkes, M. (1988): Unternehmenskultur und Unternehmensführung. Konzeptionelle Ansätze und gesicherte Erkenntnisse. In: Zeitschrift für Betriebswirtschaft, Jg. 58, S. 554-575.

Dohse, K.; U. Jürgens; T. Malsch (1985): Fertigungsnahe Selbstregulierung oder zentrale Kontrolle – Konzernstrategie im Restrukturierungsprozeß der Automobilindustrie. In: Naschold, F. (Hg.): Arbeit und Politik – Gesellschaftliche Regulierung der Arbeit und der sozialen Sicherung. Frankfurt/New York: Campus, S. 49-89.

Donnenberg, O. (1989): Und wie steht es mit der Entscheidungsfähigkeit? Hinweise auf das soziokratische Entscheidungsmodell. O. O.: Trigon Entwicklungsberatung.

Dorn, B. (1992): Informatik als Motor für Organisationsinnovation. In: Fuchs, J. (Hg.): Das biokybernetische Modell. Unternehmen als Organismen. Wiesbaden: Gabler, S. 205-225.

Drescher, U.; H. Mauch (1983): Werkstattzirkel nach der Metaplan-Methode. In: Die Mitbestimmung, Jg. 5, S. 210-211.

Drucker, P.F. (1991): So funktioniert die Fabrik von morgen. In: Harvardmanager, Nr. 1/1991, S. 8-17.

Drucker, P.F. (1992): The New Society of Organizations. In: Harvard Business Review, Nr. 5/1992, S. 95-104.

Duda, H. (1987): Macht oder Effizienz? Eine ökonomische Theorie der Arbeitsbeziehungen im modernen Unternehmen. Frankfurt/New York: Campus.

Duda, H.; E. Fehr (1986): Macht, Effizienz und Profitabilität – Eine radikale Theorie der Unternehmung. In: Leviathan, Jg. 14, S. 546-568.

Duda, H.; E. Fehr (1988): Macht und Ökonomie. Das Beispiel atomistischer Arbeitsmärkte. In: Küpper, W.; G. Ortmann (Hg.): Mikropolitik. Rationalität, Macht und Spiele in Organisationen. Opladen: WDV, S. 131-151.

Edwards, R.C. (1979): Contested Terrain. New York: Basic.

Endenburg, G. (1986): Dear Manager, Do You Have your Guiding Licence? Rotterdam: Sociocratisch Centrum.

Endenburg, G. (1988): Sociocracy: The Organisation of Decision-making. Rotterdam: Stichting Sociocratisch Centrum.

Endenburg, G. (1992a): Soziokratie – Königsweg zwischen Diktatur und Demokratie. In: Fuchs, J. (Hg.): Das biokybernetische Modell. Unternehmen als Organismen. Wiesbaden: Gabler, S. 135-149.

Endenburg, G. (1992b): Sociocratie als sociaal Ontwerp. Rotterdam: Eburon Delft.

Exner, A.; R. Königswieser; S. Titscher (1987): Unternehmensberatung – systemisch. Theoretische Annahmen und Interventionen im Vergleich zu anderen Ansätzen. In: Die Betriebswirtschaft, Jg. 47, S. 265-284.

Flynn, R.; T. McCombs; D. Elloy (1990): Staffing the Self-managing Work Team. In: Leadership and Organization Development Journal, Jg. 11, S. 26-31.

Foucault, M. (1992): Überwachen und Strafen. Die Geburt des Gefängnisses. 10. Auflage, Frankfurt a.M.: Suhrkamp.

Freedman, D.H. (1993): Was kommt nach dem Taylorismus? In: Harvard Business Manager, Nr. 2/1993, S. 24-32.

Friedberg, E. (1986): Folgen der Informatisierung der Produktion für die Machtquellen unterer und mittlerer Führungskräfte. In: Seltz, R.; U. Mill; E. Hildebrandt: Organisation als soziales System. Kontrolle und Kommunikationstechnologie in Arbeitsorganisationen. Berlin: Sigma, S. 143-149.

Friedberg, E. (1988): Zur Politologie von Organisationen. In: Küpper, W.; G. Ortmann (Hg.): Mikropolitik. Rationalität, Macht und Spiele in Organisationen. Opladen: WDV, S. 39-52.

Friedberg, E. (1992): Les quatre dimensions de l'action organisée. In: Revue française de sociologie, Jg. 33, S. 531-557.

Friedman, A. (1977): Industry and Labour. London: Macmillan.

Fröhlich, D. (1983): Machtprobleme in teilautonomen Arbeitsgruppen. In: Neidhard, F. (Hg.): Gruppensoziologie. Perspektiven und Materialien. Kölner Zeitschrift für Soziologie und Sozialpsychologie, Sonderheft 25, S. 532-551.

Fuchs, J. (1991): Abschied von tayloristischen Strukturen. In: FAZ Blick durch die Wirtschaft, 6.11.1991.

Fuchs, J. (1992a): Die offene Kommunikation durchbricht Abteilungsschranken und Führungsebenen. In: Handelsblatt, 24.8.1992.

Fuchs, J. (1992b): Zur Sache. In: FAZ Blick durch die Wirtschaft, 8. August 1992.

Fuchs, J. (1992c): Vorwort: Natürliche Organisationen – ein Blick zurück nach vorn. In: Fuchs, J. (Hg.): Das biokybernetische Modell: Unternehmen als Organismen. Wiesbaden: Gabler, S. 5-9.

Fuchs, J. (1992d): Das Unternehmen – lebender Organismus oder tote Institution. In: Fuchs, J. (Hg.): Das biokybernetische Modell: Unternehmen als Organismen. Wiesbaden: Gabler, S. 13-74.

Fuchs, J. (1992e): Epilog: Das Unternehmen – Uhrwerk oder Organismus. In: Fuchs, J. (Hg.): Das biokybernetische Modell. Unternehmen als Organismen. Wiesbaden: Gabler, S. 227-230.

Fuchs, J. (1993): Nach dem Abbau jetzt der Umbau. In: Technische Rundschau, Nr. 35/1993, S. 24-29.

Galbraith, J.R. (1973): Designing Complex Organizations. Reading, MA: Addison-Wesley.

Gerken, G. (1992): Manager. Die Helden des Chaos. Wenn alle Strategien versagen. Düsseldorf: Econ.

Getschmann, D. (1992): »Unternehmenskultur« – Bemerkungen zum Handelswert eines Begriffes. In: ZfO, Nr. 5/1992, S. 299-303.

Giddens, A. (1982): Profiles and Critiques in Social Theory. London; Basingstoke: Macmillan.

Giddens, A. (1988): Die Konstitution der Gesellschaft. Grundzüge einer Theorie der Strukturierung. Frankfurt/New York: Campus.

Girschner, W.; W. Sofsky; R. Paris (1985): Untersuchung über Machtprozesse in Organisationen und sozialen Institutionen. Göttingen: unveröff. Ms.

Gleick, J. (1988): Chaos – die Ordnung des Universums. München: Droemer.

Gorz, A. (1973): Critique de la Division du Travail. Paris: Seuil.

Gottschall, D. (1990): Der Konsens regiert. In: Managermagazin, Nr. 2/1990, S. 22-25.

Gottschall, D. (1992): Lean Production – schneller, besser, billiger? In: Psychologie heute, Nr. 9/1992, S. 56-63.

Grabher, G. (1988): Unternehmensnetzwerke und Innovation. Veranderungen in der Arbeitsteilung zwischen Groß- und Kleinunternehmen im Zuge der Umstrukturierung der Stahlindustrie (Ruhrgebiet) und der Chemischen Industrie (Rhein Main). Berlin: WZB discussion papers.

Gramsci, A. (1969): Philosophie der Praxis. Frankfurt a.M.: Fischer.

Griego, C.D.; C.E. Board (1992): The Bell Group's Search for Excellence. Albuquerque: unveröff. Ms.

Groth, U.; A. Kammel (1992): Lean Production – Schlagwort ohne inhaltliche Präzision. In: FB/IE, Jg. 41, S. 148-149.

Groth, U.; A. Kammel (1993): 13 Stolpersteine vor dem schlanken Unternehmen. In: Harvard Business Manager, Nr. 1/1993, S. 115-122.

Haag, I. (1986): Arbeitskommunikation – Kommunikationsarbeit. Neukonzeption industriesoziologischer Arbeitsanalyse durch die systematische Einbeziehung arbeitsbezogener Kommunikation. Berlin: Schelsky und Jepp.

Hack, L. (1988): Vor Vollendung der Tatsachen. Die Rolle von Wissenschaft und Technologie in der dritten Phase der Industriellen Revolution. Frankfurt a.M.: Fischer.

Hammer, M.; J. Champy (1994): Business Reengineering – Die Radikalkur für das Unternehmen. 3. Auflage, Frankfurt/New York: Campus.

Handy, C. (1990): The Age of Unreason. Boston: Harvard Business School Press.

Handy, C. (1993): Im Bauch der Organisation. 20 Einsichten für Manager und alle anderen, die etwas bewegen wollen. Frankfurt/New York: Campus.

Heidenreich, M.; G. Schmidt (1992): Informatisierung, Arbeitsorganisation und Organisationskultur. Eine vergleichende Analyse der Einführung von Informationssystemen in italienischen, französischen und deutschen Unternehmen. Bielefeld: FSP »Zukunft der Arbeit« an der Universität Bielefeld.

Heydebrand, W. (1989): New Organizational Forms. In: Work and Occupation, Jg. 16, S. 323-357.

Hildebrandt, E.; R. Seltz (1989): Wandel betrieblicher Sozialverfassung durch systemische Kontrolle? Die Einführung computergestützter Produktionsplanungs- und -steuerungssysteme im bundesdeutschen Maschinenbau. Berlin: Sigma.

Hirschhorn, L.; T. Gilmore (1993): Die Grenzen der flexiblen Organisation. In: Harvard Business Manager, Nr. 1/1993, S. 29-39.

Hofstede, G. (1980): Cultures Consequences – International Differences in Work Related Values. Beverly Hills; London: Sage.

Horton, R.B. (1990): Planning for Surprise. BP's Project 1990 is Built on Simplicity, Teamwork, and Trust. In: Industry Week, 6.8.1990, S. 27.

Huber, G.P. (1990): A Theory of the Effects of Advanced Information Technologies on Organizational Design, Intelligence, and Decision Making. In: Academy of Management Review, Nr. 1/1990, S. 47-71.

Jansen, P. (1991): Qualitätszirkel – Ein Weg zum Post-, Neo- oder Prätaylorismus. In: Minssen, H. (Hg.): Rationalisierung in der betrieblichen Arena. Akteure zwischen inneren und äußeren Anforderungen. Berlin: Sigma, S. 93-106.

Jarillo, J.C. (1988): On Strategic Networks. In: Strategic Management Journal, Jg. 9, S. 31-41.

Johannisson, B. (1987): Anarchists and Organizers: Entrepeneurs in a Network Perspective. In: International Studies of Management & Organization, Jg. 17, S. 90-127.

Johanson, J.; L.-G. Mattsson (1987): Interorganizational Relations in Industrial Systems: A Network Approach Compared with the Transaction-Cost Approach. In: International Studies of Management & Organization, Jg. 17, S. 34-48.

Jürgens, U. (1993): Mythos und Realität von Lean Production in Japan. Eine kritische Auseinandersetzung mit den Ergebnissen der MIT-Studie. In: Fortschrittliche Betriebsführung und Industrial Engineering, Nr. 1/1993, S. 18-23.

Kanter, R.M. (1983): The Change Master: Innovation for Productivity in the American Corporation. New York: Simon & Schuster.

Kaufmann, F.-X; H.-G. Krüsselberg (Hg.) (1984): Markt, Staat und Solidarität bei Adam Smith. Frankfurt/New York: Campus.

Kiss, G. (1986): Grundzüge und Entwicklung der Luhmannschen Systemtheorie. Stuttgart: Enke.

Klebe, T.; S. Roth (1988): Selbststeuerung der Arbeit und neue Unternehmensstrategien. In: Roth, T.; H. Klebe (Hg.): Perspektive Gruppenarbeit. Köln: Bund, S. 515-519.

Kolm, P.; I. Wagner; A. Volst (1988): Konflikt und Innovation in Computerunterstützten Organisationen. Wien; München: R. Oldenbourg.

Koreimann, D.S. (1990): Strategien zur Komplexitätsreduzierung. In: Fischer, R.; M. Boos (Hg.): Vom Umgang mit Komplexität in Organisationen: Konzepte, Fallbeispiele, Strategien. Konstanz: Universitätsverlag, S. 283-297.

Krohn, W.; G. Küppers (1989): Die Selbstorganisation der Wissenschaft. Frankfurt a.M.: Suhrkamp.

Küpper, W.; G. Ortmann (1986): Mikropolitik in Organisationen. In: Die Betriebswirtschaft, Jg. 46, S. 590-602.

Landier, H. (1989): L'entreprise polycellulaire. Pour penser l'entreprise de demain. Paris: Entreprise moderne d'édition.

Landier, H. (1991): Vers l'entreprise intelligente. Dynamique du changement et mutation du management. Paris: Calmann-Lévy.

Lawrence, P.R.; J.W. Lorsch (1967): Organization and Environment. Managing Differentiation and Integration. Homewood, IL: Irwin.

Lentz, B. (1992): Führen muß Spaß machen. In: Capital, Nr. 9/1992.

Leue, H. (1989): Innovation und Zielorientierung. Analogien zwischen dem Geschehen in Jazzbands, Sinfonieorchestern und Unternehmen. Quickborn: Metaplan.

Levick, M.A.; D. Paul (1991): The Selection and Nurturing of Participative Management Involvement. In: Assocation for Quality and Participation (Hg.): Total Quality and Participation in World Class Organizations. 1991 AQP Eight Annual Fall Forum. Montreal: unveröff. Ms., S. 1-8.

Likert, R.; C.T. Araki (1986): Managing Without a Boss: System 5. In: Leadership and Organization Development Journal, Nr. 7/1986, S. 17-20.

Linde, H. (1972): Sachdominanz in Sozialstrukturen. Tübingen: Mohr.

Linhart, D. (1991): Le torticolis de l'autruche. L'éternelle modernisation des entreprises françaises. Paris: Seuil.

Lüdtke, H. (1988): Muster. In: Fuchs, W. et al. (Hg.): Lexikon zur Soziologie. Opladen: WDV, S. 523.

Luhmann, N. (1969): Klassische Theorie der Macht. Kritik ihrer Prämissen. In: Zeitschrift für Politik, Jg. 16, S. 393-402.

Luhmann, N. (1971a): Moderne Systemtheorie als Form gesamtgesellschaftlicher Analyse. In: Habermas, J.; N. Luhmann (Hg.): Theorie der Gesellschaft oder Sozialtechnologie – Was leistet die Systemforschung? Frankfurt a.M.: Suhrkamp, S. 7-24.

Luhmann, N. (1971b): Sinn als Grundbegriff der Soziologie. In: Habermas, J.; N. Luhmann (Hg.): Theorie der Gesellschaft oder Sozialtechnologie – Was leistet die Systemforschung? Frankfurt a.M.: Suhrkamp, S. 25-100.

Luhmann, N. (1975a): Macht. Stuttgart: Enke.

Luhmann, N. (1975b): Komplexität. In: Luhmann, N. (Hg.): Soziologische Aufklärung 2. Aufsätze zur Theorie der Gesellschaft. Opladen: WDV, S. 204-220.

Luhmann, N. (1976): Funktionen und Folgen formaler Organisation. 3. Auflage, Berlin: Duncker & Humblot.

Luhmann, N. (1977): Funktion und Religion. Frankfurt a.M.: Suhrkamp.

Luhmann, N. (1981): Soziologische Aufklärung 3. Soziales System, Gesellschaft, Organisation. Opladen: WDV.

Luhmann, N. (1988a): Organisation. In: Küppers, W.; G. Ortmann (Hg.): Mikropolitik. Rationalität, Macht und Spiele in Organisationen. Opladen: WDV, S. 165-186.

Luhmann, N. (1988b): Soziale Systeme. Grundriß einer allgemeinen Theorie. 2. Auflage, Frankfurt a.M.: Suhrkamp.

Luhmann, N. (1991): Soziale Systeme. Grundriß einer allgemeinen Theorie. 4. Auflage, Frankfurt a.M.: Suhrkamp.

Machlup, F. (1962): The Production and Distribution of Knowledge in the United States. Princeton: Princeton University Press.

Mandelbrot, B. (1989): Die fraktale Geometrie der Natur. Basel: Birkhäuser.

Manske, F. (1991): Kontrolle, Rationalisierung und Arbeit. Kontinuität durch Wandel: Die Ersetzbarkeit des Taylorismus durch moderne Kontrolltechniken. Berlin: Sigma.

Manz, C.C.; D.E. Keating; A. Donnellon (1990): Preparing for an Organizational Change to Employee Self-Management: The Managerial Transition. In: Organizational Dynamics, Nr. 3/1990, S. 15-26.

Manz, C.C.; H.P. Sims (1980): Self-Management as a Substitute for Leadership: A Social Learning Theory Perspective. In: Academy of Management Review, Jg. 5, S. 361-367.

March, J.G.; H.A. Simon (1958): Organizations. New York: John Wiley & Sons.

March, J.G.; J.P. Olsen (1976): Ambiguity and Choice in Organizations. Bergen: Universitetsforlaget.

Martens, W. (1989): Entwurf einer Kommunikationstheorie der Unternehmung: Akzeptanz, Geld und Macht in Wirtschaftsorganisationen. Frankfurt/New York: Campus.

Mauch, H. (1981): Werkstatt-Zirkel. Quickborn: Metaplan.

Mauch, H.; B. Wildemann (1987): Sechs Jahre Werkstattzirkel. In: Personal, Nr. 6/1987, S. 252-253.

Maurice, M. (1985): Micro-électronique et changements dans le contenu du travail, des qualifications et des formes de mobilisation professionnelle. Strasbourg: Document LEST.

Maurice, M. (1993): Les nouveaux systèmes productifs, entre »taylorisme« et »toyotisme«. In: Sociologie du travail, Jg. 35, S. 89-98.

Mayo, E. (1948): The Human Problems of an Industrial Civilization. Boston: Division of Research Graduate School of Business Administration.

Meyer, G.P. (1976). Revolutionstheorie heute. In: Geschichte und Gesellschaft. Sonderheft 2. Göttingen, S. 122-176.

Mill, U. (1986): Organisation als Sozialsystem. Ein Kommentar. In: Seltz, R.; U. Mill; E. Hildebrandt (Hg.): Organisation als soziales System. Kontrolle und Kommunikationstechnologie in Arbeitsorganisationen. Berlin: Sigma, S. 189-218.

Mill, U.; H.-J. Weissbach (1993): Netzwerkwirtschaft. In: gdi impuls, Nr. 1/1993, S. 30-38.

Millot, M.; J.-P. Roulleau (1991): Transformer l'organisation du travail. L'autonomie créatrice. Paris: Les Éditions d'Organisation.

Mingers, S. (1992): Bedingungen und Grenzen externer Beratung als Interventionsstrategie – betrachtet am Beispiel der Beratung ostdeutscher Kommunalverwaltungen. Bielefeld: Diplomarbeit an der Fakultät für Soziologie.

Mintzberg, H. (1979): The Structuring of Organizations. Englewood Cliffs, NJ: Prentice-Hall.

Mintzberg, H. (1983): Power In and Around Organizations. Englewood Cliffs, NJ: Prentice-Hall.

Mintzberg, H. (1983): Structures in Fives: Designing Effective Organizations. Englewood Cliffs, NJ: Prentice-Hall.

Mintzberg, H. (1988): The Adhocracy. In: Quinn, J.B.; H. Mintzberg; R.M. James (Hg.): The Strategy Process. Concepts, Contexts, and Cases. Englewood Cliffs, NJ: Prentice-Hall, S. 607-627.

Mintzberg, H.; A. McHugh (1985): Strategy Formation in Adhocracy. In: Administrative Science Quarterly, Jg. 30, S. 160-197.

Morey, N.; F. Luthans (1985): Refining the Displacement of Culture and the Use of Scenes and Themes in Organizational Studies. In: Academy of Management Review, Jg. 2, S. 219-229.

Naschold, F. (1985): Die Gestaltung von Arbeit und Technik. Ergebnisse sozialwissenschaftlicher Forschung und Anforderungen an eine arbeitnehmerorientierte Technologiepolitik. In: Bleicher, S. (Hg.): Technik für den Menschen. Köln: Bund, S. 27-39.

Noll, H.-H. (1987): Weiterbildung, Beschäftigungsstruktur und Statusdistribution. In: Weymann, A. (Hg.): Bildung und Beschäftigung. Soziale Welt, Sonderband 5, S. 141-172.

Ohno, T. (1993): Das Toyota-Produktionssystem. 2. Aufl., Frankfurt/New York: Campus.

Ortmann, G. (1988): Handlung, System, Mikropolitik. In: Ortmann, G.; W. Küpper (Hg.): Mikropolitik. Rationalität, Macht und Spiele in Organisationen. Opladen: WDV, S. 219-225.

Ortmann, G. et al. (1991): Computer und Macht in Organisationen. Mikropolitische Analysen. Opladen: WDV.

Ouchi, W.G. (1981): Theory Z. How American Business Can Meet the Japanese Challenge. New York: Addison-Wesley.

Palloix, C.; P. Zarifian (1989): La société post-économique. Paris: L'Harmattan.

Perrow, C. (1974): Is Business Really Changing? In: Organizational Dynamics, Nr. 2/1974, S. 31-44.

Perrow, C. (1986): Complex Organizations. 3. Auflage, New York: Random House.

Peters, T.J. (1988a): Facing Up to the Need for a Management Revolution. In: California Management Review, Nr. 2/1988, S. 7-38.

Peters, T.J. (1988b): Thriving on Chaos. Handbook for a Management Revolution. New York: Harper & Row.

Peters, T.J. (1993): Jenseits der Hierarchien. In: Handelsblatt Junge Karriere, 23.4.1993.

Peters, T.J.; R.H. Waterman (1983): In Search of Excellence. Lessons from America's Best-run Companies. New York: Harper & Row.

Pfefferkorn, P. (1991): Das »Soziokratie-Modell« – eine Renaissance des »Linking Pin-Modells«? Rotterdam: Sociocratisch Centrum.

Picot, A. (1982): Transaktionskostenansatz in der Organisationstheorie: Stand der Diskussion und Aussagewert. In: Die Betriebswirtschaft, Jg. 42, S. 267-284.

Picot, A. (1989): Zur Bedeutung allgemeiner Theorieansätze für die betriebswirtschaftliche Information und Kommunikation: Der Beitrag der Transaktionskosten- und Principal-Agent-Theorie. In: Kirsch, W.; P. Arnold (Hg.): Die Betriebswirtschaftslehre im Spannungsgeld zwischen Generalisierung und Spezialisierung. Wiesbaden: Betriebswirtschaftlicher Verlag, S. 351-379.

Piore, M.J.; C.F. Sabel (1985): Das Ende der Massenproduktion – Studie über die Requalifizierung und die Rückkehr der Ökonomie in die Gesellschaft. Berlin: Wagenbach.

Plé, B. (1989): Revolution. In: Endruweit, G.; G. Trommsdorff (Hg.): Wörterbuch der Soziologie. Stuttgart: DTV; Enke, S. 545-546.

Ploenzke AG (1991): Im Wandel zur Aktiengesellschaft. Kiedrich: Ploenzke.

Ploenzke Gruppe (o. J.): Führen im Team. Kiedrich: Ploenzke.

Plönzke, K.C. (1992): Führen in Netzwerken – Der Manager als Dienstleister.

In: Fuchs, J. (Hg.): Das biokybernetische Modell. Unternehmen als Organismus. Wiesbaden: Gabler, S. 149-159.

Pries, L. (1988): Taylorismus – Agonie eines Produktionstyps oder Abschied von einer Schimäre? Düsseldorf: SoTech-Werkstattberichte.

Pugh, D.S. et al. (1968): Dimension of Organization Structure. In: Administrative Science Quarterly, Jg. 13, S. 65-105.

Rammert, W. (1987): Konturen der Techniksoziologie. Begriffe, Entwicklungen und Forschungsfelder einer neuen soziologischen Teildisziplin. Bielefeld: FSP »Zukunft der Arbeit« an der Universität Bielefeld.

Rammert, W. (1988): Das Innovationsdilemma. Technikentwicklung im Unternehmen. Opladen: WDV.

Rammert, W.; C. Wehrsig (1988): Neue Technologien im Betrieb: Politiken und Strategien der betrieblichen Akteure. In: Feldhoff, J. et al. (Hg.): Regulierung – Deregulierung. Steuerungsprobleme der Arbeitsgesellschaft. Nürnberg: Bundesanstalt für Arbeit, S. 301-330.

Reese-Schäfer, W. (1992): Luhmann zur Einführung. Hamburg: Junius.

Reeser, C. (1969): Some Potential Human Problems of Project Form of Organization. In: Academy of Management Journal, Nr. 4/1969, S. 459-467.

Reiss, M. (1992): Mit Blut, Schweiß und Tränen zur schlanken Organisation. In: Harvardmanager, Nr. 2/1992, S. 57-62.

Roever, M. (1991a): Tödliche Gefahr. In: Managermagazin, 10/1991, S. 218-232.

Roever, M. (1991b): Goldener Schnitt. In: Managermagazin, Nr. 11/1991, S. 253-264.

Roever, M. (1991c): Kettenreaktion. In: Managermagazin, Nr. 12/1991, S. 243-249.

Roever, M. (1992): Weg mit dem Wasserkopf. In: Managermagazin, Nr. 1/1992, S. 126-135.

Rommel, G. et al. (1993): Einfach überlegen. Das Unternehmenskonzept, das die Schlanken schlank und die Schnellen schnell macht. Stuttgart: Schäffer-Poeschel.

Rosenberg, N. (1975): Technischer Fortschritt in der Werkzeugmaschinenbauindustrie 1840-1910. In: Hausen, K.; R. Rürup (Hg.): Moderne Technikgeschichte. Köln: Kiepenheuer & Witsch, S. 216-242.

Ruthen, R. (1993): Adapting to Complexity. In: Scientific American, Nr. 1/1993, S. 130-140.

Sainsaulieu, R.; D. Segrestin (1986): Vers une théorie sociologique de l'entreprise. In: Sociologie du travail, Jg. 28, S. 335-350.

Sauer, D. (1988): Systemische Rationalisierung. Zum Wandel betrieblicher Rationalisierungspolitik. In: Feldhoff, J. et al. (Hg.): Regulierung – Deregulierung. Steuerungsprobleme der Arbeitsgesellschaft. Nürnberg: Bundesanstalt für Arbeit, S. 331-351.

Schein, E. (1984): Coming to a New Awareness of Organizational Culture. In: Sloan Management Review, Nr. 2/1984, S. 3-16.

Schilder, J. (1992): Work Teams Boost Productivity. In: Personnel Journal, Nr. 2/1992, S. 67-71.

Schimank, U. (1986): Technik, Subjektivität und Kontrolle in formalen Organisationen. Eine Theorieperspektive. In: Seltz, R.; U. Mill (Hg.): Organisationen als soziales System. Kontrolle und Kommunikationstechnologie in Arbeitsorganisationen. Berlin: Sigma, S. 71-92.

Schmidt, G. (1989): Die ›neuen Technologien‹ als Herausforderung für ein verändertes Technikverständnis industriesoziologischer Forschung. In: Weingart, P. (Hg.): Technik als sozialer Prozeß. Frankfurt a.M.: Suhrkamp, S. 231-255.

Schmidt, G. (1990): Neue Produktionskonzepte, veränderte betriebliche Interessenstrukturen und Wandel institutioneller Konfliktregulierung versus alte Klassengesellschaft. In: Österreichische Zeitschrift für Soziologie, Jg. 15, S. 3-16.

Schmidt, J. (1993): Die sanfte Organisations-Revolution. Von der Hierarchie zu selbststeuerenden Systemen. Frankfurt/New York: Campus.

Schnelle, E. (1989): Architektur im Zeitalter der Kommunikation. Quickborn: Metaplan.

Schnelle, W. (1978): Interaktionelles Lernen – Wandel in der Fortbildung. Quickborn: Metaplan.

Schnorbus, A. (1991): Nur wer fordert, kann auch wirklich fördern. In: FAZ Blick durch die Wirtschaft, 31.8.1991.

Scholz, H.; H. Fischer (1992): Innovationsfördernde Unternehmenskultur und zukunftsorientierte Personalführung bei Hewlett-Packard. In: Fuchs, J. (Hg.): Das biokybernetische Modell: Unternehmen als Organisation. Wiesbaden: Gabler, S. 75-92.

Scott, W.R. (1986): Grundlagen der Organisationstheorie. Frankfurt/New York: Campus.

Senge, P.M. (1990): The Fifth Discipline: The Art and Practice of the Learning Organization. New York: Doubleday.

Simon, H.A. (1957): Models of Man. Social and Rational. New York: John Wiley & Sons.

Sinn, J.; D. Weber (1991): Revolution im Management. In: Managementwissen, Nr. 11/1991, S. 16-28.

Smith, A. (1937): The Wealth of Nations. New York: Modern Library.

Sprenger, R.K. (1991): Mythos Motivation. Wege aus einer Sackgasse. Frankfurt/New York: Campus.

Stacey, R.D. (1992): Managing Chaos. Dynamic Business Strategies in an Unpredictable World. London: Kegan Paul.

Stephan, S. (1992): Führung durch Regelkreise. In: Managementwissen, Nr. 10/1992, S. 20-22.

Strohmeier, G. (1991): Rohrhydraulik und Landwirtschaft. Grenzgänger im Wissenschaftssystem. In: Berger, W. et al. (Hg.): Zukunft der Weiterbildung. München: Profil, S. 29-52.

Tacke, V. (1992): Changing ›Organizations in Action‹. In: Tacke, V.; K.P. Japp (Hg.): Rationalität und Wandel von Organisationen. J.D. Thompson revisited. Bielefeld: FSP »Zukunft der Arbeit« an der Universität Bielefeld, S. 2-14.

Tacke, V.; C. Wehrsig (1992): Funktionen und Folgen informatisierter Organisationen. In: Malsch, T.; U. Mill (Hg.): ArBYTE. Modernisierung der Industriesoziologie? Berlin: Sigma, S. 219-239.

Taylor, F.W. (1967): The Principles of Scientific Management. New York; London: Norton & Company.

TEI (1992): Case Study: Team Evolution at the Bell Group. In: TEI (Total Employee Involvement) Newsletter, Nr. 7/1992, S. 5-8.

Teubner, G. (1992): Die vielköpfige Hydra: Netzwerke als kollektive Akteure höherer Ordnung. In: Krohn, W.; G. Küppers (Hg.): Emergenz. Die Entstehung der Ordnung, Organisation und Bedeutung. Frankfurt a.M.: Suhrkamp, S. 189-218.

Thompson, J.D. (1967): Organizations in Action. New York etc.: McGraw-Hill.

Thorelli, H.B. (1986): Networks: Between Markets and Hierarchies. In: Strategic Management Journal, Jg. 7, S. 37-51.

Toffler, A. (1971): Future Shock. New York: Bantam Books.

Toffler, A. (1990): Powershift: Knowledge, Wealth, and Violence at the Edge of the 21st Century. New York: Bantam Books.

Valery, P. (1989): The Outlook for Intelligence. Princeton: Princeton University Press.

Vaziri, M.T. (1987): Productivity Improvement through Quality Control Circles: A Comparative Approach. In: Leadership and Organizational Development Journal, Jg. 8, S. 17-19.

Waalkes, O. (1984): Das Buch Otto. München: Heyne.

Waldrop, M.M. (1992): Complexity: Life at the Edge of Chaos. New York: Simon & Schuster.

Warnecke, H.-J. (1992): Die Fraktale Fabrik. Revolution der Unternehmenskultur. Berlin etc.: Springer.

Weber, H. (1992): Persistenz und Wandel in Organisationen. Bielefeld: FSP »Zukunft der Arbeit« an der Universität Bielefeld.

Weber, M. (1964): Wirtschaft und Gesellschaft. Grundriß der verstehenden Soziologie. Köln: Kiepenheuer & Witsch.

Weick, K.E. (1985): Der Prozeß des Organisierens. Frankfurt a.M.: Suhrkamp.

Weick, K.E. (1990): Technology as Equivoque: Sensemaking in New Technologies. In: Goodman, P.S.; L.S. Sproull et al. (Hg.): Technology and Organizations. San Francisco; Oxford: Jossey-Bass, S. 1-44.

Weick, K.E.; J.D. Orton (1990): Loosely Coupled Systems: A Reconceptualization. In: Academy of Management Review, Nr. 3/1990, S. 203-223.

Weingart, P. (1989): »Großtechnische Systeme« – ein Paradigma der Verknüpfung von Technikentwicklung und sozialem Wandel. In: Weingart, P. (Hg.): Technik als sozialer Prozeß. Frankfurt a.M.: Suhrkamp, S. 174-198.

Wever, U.A. (1992): Unternehmenskultur in der Praxis. Erfahrungen eines Insiders bei zwei Spitzenunternehmen, 3. Auflage. Frankfurt/New York: Campus.

White, H.C.; R.G. Eccles (1986): Control via Concentration. In: Sociological Forum, Jg. 1, S. 131-157.

Williamson, O.E. (1975): Markets and Hierarchies. New York: Free Press.

Williamson, O.E. (1980): The Organization of Work: A Comparative Institutional Assessment. In: Journal of Economic Behavior and Organization, Jg. 1, S. 5-38.

Williamson, O.E. (1990a): A Comparison of Alternative Approaches to Economic Organizations. In: Journal of Institutional and Theoretical Economics, 1/1990: S. 61-71.

Williamson, O.E. (1990b): Die ökonomische Institution des Kapitalismus. Unternehmen, Märkte, Kooperationen. Tübingen: Mohr.

Willke, H. (1987): Strategien der Intervention in autonome Systeme. In: Baecker, D. (Hg.): Theorie als Passion. Frankfurt a.M.: Suhrkamp, S. 191-200.

Willke, H. (1989a): Systemtheorie entwickelter Gesellschaften: Dynamik und Riskanz moderner Selbstorganisation. Weinheim; München: Juventa.

Willke, H. (1989b): Controlling als Kontextsteuerung. Zum Problem dezentralen Entscheidens in vernetzten Organisationen. In: Eschenbach, R. (Hg.): Supercontrolling: Vernetzt denken, zielgerichtet entscheiden. Wien: Service Fachverlag, S. 63-93.

Wisnewski, G.; W. Landgraeber; E. Sieker (1992): Das RAF-Phantom. Wozu Politik und Wirtschaft Terroristen brauchen. München: Knaur.

Womack, J.P.; D.T. Jones; D. Roos (1992): Die zweite Revolution in der Automobilindustrie. Konsequenzen aus der weltweiten Studie des Massachusetts Institute of Technology. 7. Auflage, Frankfurt/New York: Campus.

Woodward, J. (1965): Industrial Organization. Theory and Practice. London: Oxford University Press.

Zarifian, P. (1990): La nouvelle productivité. Paris: L'Harmattan.

Zeleny, M. (1989): Sociocracy. In: Human System Management, Jg. 8, S. 245-248.

Zintl, R. (1970): Organisation und Innovation. In: Politische Vierteljahresschrift, Jg. 11, S. 219-235.

Zündorf, L. (1982): Machtprozesse in Industrieunternehmen. In: Schmidt, G. (Hg.): Materialien zur Industriesoziologie. Sonderheft der Kölner Zeitschrift für Soziologie und Sozialpsychologie, S. 166-184.

* Die auf der ersten Seite jeder Sektion verwandten Zitate stehen im Zusammenhang mit dem Arbeitsprozeß an diesem Buch. Erich Kästners Warnung, der Zukunft nicht ins Fenster zu gaffen (I), stammt aus einer »Publikation« des Berliner Volkwirts, Systemtheoretikers und Kästnerexperten Markus Füller. Die »Zentrale« (II) von Tucholsky zierte eine Broschüre der Unternehmensberatungsfirma Metaplan. Der »Paradigmawechsel« (III) von Brecht (von ihm »Radwechsel« genannt) illustrierte eine Glosse in der *Zeit* (5.3.1993) über den überall konstatierten und nirgends stattfindenden Paradigmenwechsel. Mahatma Gandhis Verbindung von Freiheit und Ordnung mußte erst für ein Ploenzke-Heftchen und dann für die Einleitung der Sektion IV herhalten. Immer wieder gern zitiert – Goethes Faust: Der Vierzeiler über das fehlende Band (V) wurde einem Artikel des Unternehmensberaters Alexander Exner über Unternehmensidentitäten entnommen. Post mortem werden Alfred Herrhausens prägnante Aussagen selbst bei Sozialwissenschaftlern beliebt. Nach der Verwendung in der Einleitung zum »RAF-Phantom« (Wisnewski/Landgraeber/Sieker 1992) und im *Handelsblatt* schmückt seine Aufforderung, Dinge zu Ende zu denken, nun den Anhang dieser Arbeit (VI). Als Happy-End schließlich markiert die von Günther Ortmann, Arnold Windeler, Albrecht Becker und Hans-Joachim Schulz gefundene Zeitungsnotiz über die Möglichkeit, selbst extensives Lesen zu überleben, das Literaturverzeichnis (VII).